Jan Niederle

Einführung in das Bürgerliche Recht

Mit Beispielen und Schemata für den leichten Einstieg

Autor: Jan Niederle; Mitarbeit: Stefanie Ehl

JAN NIEDERLE MEDIA

ISBN 3-9806932-1-X

2. Auflage 2004

Bezugsmöglichkeit für den Buchhandel:

Jan Niederle Media
48341 Altenberge
Fax (02505) 93 98 99
E-Mail: jan.niederle@gmx.de
www.niederle-media.de

Druck: Druckerei Buschmann
Printed in Germany

Inhalt

Einführung in das Bürgerliche Recht

▶ **www.niederle-media.de**

Zivilrecht (je Titel 6,60 Euro)

- 20 Standardfälle Zivilrecht für *Anfänger.* ISBN 3-9806932-5-2.
- 20 Standardfälle Zivilrecht für *Fortgeschrittene.* ISBN 3-9806932-8-7
- Einführung in das Bürgerliche Recht. ISBN 3-9806932-1-X
- Einführung in das Schuldrecht (AT). ISBN 3-936733-05-8
- Einführung in das Schuldrecht (BT) 1. ISBN 3-936733-08-2
- Einführung in das Schuldrecht (BT) 2. ISBN 3-936733-15-5
- Einführung in das Sachenrecht 1. ISBN 3-936733-06-6
- Einführung in das Sachenrecht 2. ISBN 3-936733-14-7
- Einführung in das Familienrecht. ISBN 3-936733-10-4
- Einführung in das Erbrecht. ISBN 3-936733-09-0
- Wie gelingt meine BGB-Hausarbeit? ISBN 3-936733-11-2

Strafrecht (je Titel 6,60 Euro)

- 20 Standardfälle Strafrecht für *Anfänger.* ISBN 3-9806932-4-4
- 20 Standardfälle Strafrecht f. *Fortgeschrittene.* ISBN 3-9806932-7-9
- Einführung in das Strafrecht (AT). ISBN 3-936733-02-3
- Einführung in das Strafrecht (BT) 1. ISBN 3-936733-03-1
- Einführung in das Strafrecht (BT) 2. ISBN 3-936733-04-X

Öffentliches Recht (je Titel 6,60 Euro)

- 20 Standardfälle Ö-Recht für *Anfänger.* ISBN 3-9806932-3-6
- 20 Standardfälle Ö-Recht für *Fortgeschrittene.* ISBN 3-9806932-0-1
- Basiswissen Staatsrecht I. ISBN 3-936733-00-7
- Basiswissen Staatsrecht II. ISBN 3-936733-01-5
- Einführung in das Verwaltungsrecht 1. ISBN 3-936733-16-3

Sonstige & BWL

- Grundriss **Europarecht**. ISBN 3-9806932-2-8. 6,60 €
- **Studienratgeber „500 Spezial-Tipps für Juristen“**
  ISBN 3-9806932-9-5. 10,20 €
- Einführung in d. **Arbeitsrecht**. ISBN 3-936733-07-4. 6,60 €
- Einführung in d. **Rechnungswesen**. ISBN 3-936733-12-0. 6,60 €
- Einf. in d. **Betriebswirtschaftslehre**. ISBN 3-936733-13-9. 6,60 €

Weitere Titel gesucht? Das komplette Verlagsprogramm sowie eine Übersicht über den Inhalt eines jeden Titels ist tagesaktuell online unter **www.niederle-media.de** verfügbar. Bei allen **Neuerscheinungen** ist ein konkreter Erscheinungstermin genannt.

▶ Was dieses Buch für dich tun kann

Dieses Buch ist gedacht als Einführung in die Grundlagen des Bürgerlichen Rechts. Nicht nur von Jura-Erstsemestern, auch von Studenten der Wirtschafts- oder Sozialwissenschaften wird die Kenntnis darüber verlangt, wie ein Vertrag zustande kommt, wie er durch Anfechtung wieder „vernichtet“ werden kann, welche Voraussetzungen die Stellvertretung hat und wie man z.B. den Herausgabeanspruch aus § 985 BGB prüft.

Der Vorteil dieses Skripts ist nicht allein sein erschwinglicher Preis. Auch die komprimierte, auf das Wesentliche reduzierte Darstellung ist sehr nützlich, da sie hilft, den Überblick zu bewahren und nicht in der Flut des Stoffs zu „ertrinken“. Durch zahlreiche Beispiele und Grafiken wird das Abstrakte zudem konkret und anschaulich.
Zweifellos kann ein Skript wie dieses ein dickes Lehrbuch nicht einfach ersetzen; es kann jedoch eine sinnvolle Ergänzung sein, die den ersten, grundlegenden Einstieg ermöglicht.

In Verbindung mit dem Skript „20 Standardfälle Zivilrecht für Anfänger“ ergibt sich sicher eine ideale Vorbereitung auf die Klausuren und Hausarbeiten. Dafür drücke ich dir schon jetzt ganz fest die Daumen,

Jan Niederle

Lektion 1: Aufbau und Einordnung des BGB

Das BGB ist in **fünf** Bücher eingeteilt:

Allg. Teil	**SchuldR**	**SachenR**	**FamilienR**	**ErbR**
§ 1 - § 240	§ 241 - § 853	§ 854 - § 1296	§ 1297 - § 1921	§ 1922- § 2385
Natürliche und Jur. Personen §§ 1-89	Allgemeines Schuldrecht § 241-432	Besitz § 854	Verlöbnis § 1297	Erbfolge § 1922
Rechtsgeschäfte §§ 104 ff.	Besonderes Schuldrecht: Kauf, § 433 Tausch, § 480 Darlehen, § 488 Schenkung,§ 516 Mietvertrag,§ 535 Dienstvertr.,§ 611 Werkvertr.,§ 633 Bürgschaft,§ 765	Eigentum §§ 903 ff.	Eheliches Güterrecht §§ 1363 ff.	Testament Erbvertrag §§ 2064 ff.
Vertretung und Vollmacht §§ 164 ff.		Hypothek Grundschuld §§ 1113; 1191	Ehescheidung Unterhaltspflicht §§ 1313; 1360	Erbschein §§ 2353 ff.

Die Grafik gibt auszugsweise die wichtigsten Inhalte der einzelnen Bücher wieder. Der *Allgemeine Teil* enthält die Regelungen, die quasi „vor die Klammer“ gezogen wurden, weil sie für alle anderen Bücher auch gelten. So wird zum Beispiel festgelegt, wie ein Vertrag zustande kommt (§§ 145 ff.). Diese Regelung gilt damit für alle Arten von Verträgen, also für schuldrechtliche, sachenrechtliche und erbrechtliche Verträge. Auch die Stellvertretung (§§ 164 ff.) wurde nur einmal im Allgemeinen Teil geregelt, gilt jedoch ebenfalls für alle übrigen Rechtsbereiche.

Wie wird das BGB nun in die Rechtsordnung eingeordnet? Abzugrenzen ist es insbesondere vom öffentlichen Recht. Das öffentliche Recht ist durch ein *Über-/Unterordnungsverhältnis* gekennzeichnet. Im Gegensatz dazu herrscht im Privatrecht der Grundsatz der *Gleichberechtigung und Privatautonomie*.

Beispiel 1: Die Polizei beschlagnahmt den PKW des A. Der A hat sich hier der hoheitlichen Gewalt der Polizei unterzuordnen.
Beispiel 2: A kauft den BMW des B. Ob und zu welchem Preis der Wagen verkauft wird, liegt in der Entscheidungsgewalt der gleichberechtigten A und B.

Zum öffentlichen Recht gehören:

- Das Strafrecht (Strafgesetzbuch (StGB))
- Das Verfassungsrecht (Grundgesetz (GG))
- Das Verwaltungsrecht (z.B. Bau- und Polizeirecht)
- Das Steuerrecht (z.B. Einkommenssteuergesetz (EStG))

Das BGB ist Teil des Privatrechts. Zum Privatrecht gehört außer dem BGB auch das Handelsgesetzbuch (HGB), das die Regelungen des Bürgerlichen Rechts für Kaufleute ergänzt und modifiziert.

Lektion 2: Das Zustandekommen eines Vertrags

Wie ein Vertrag zustande kommt, ist in §§ 145 ff. geregelt. Unter einem Vertrag versteht man die von zwei oder mehr Personen erklärte Willensübereinstimmung über die Herbeiführung eines bestimmten rechtlichen Erfolgs. Anders ausgedrückt: Die Personen müssen sich darüber einigen, dass eine bestimmte Rechtsfolge eintreten soll.
Die erforderliche Einigung kommt dabei immer durch zwei Willenserklärungen zustande, nämlich Angebot (= Antrag) und Annahme. Dabei muss der Inhalt und Gegenstand des Vertrags so bestimmt sein, dass die Annahme durch ein einfaches „Ja“ erfolgen kann.

Beispiel Kaufvertrag: A fragt den B: „Willst du meinen roten BMW mit dem amtlichen Kennzeichen B-MW-2000 für 8.900 Euro kaufen?“. Der B sagt zu diesem Angebot des A: “Ja, will ich“.

Beispiel Mietvertrag: A fragt den B: „Willst du die 45 qm große Wohnung im 1.OG meines Hauses für monatlich 300 Euro warm mieten?“. Der B sagt zu diesem Angebot des A: “Ja, will ich“.

Beispiel Werkvertrag: A sagt zu B: „Ich biete dir an, die defekte Zylinderkopfdichtung deines Golfs für 400,- Euro zu reparieren!“ Der B sagt zu diesem Angebot des A: “Ja, mach das!“.

Vertrag = Einigung = Angebot + Annahme

Im täglichen Leben werden viele Verträge allerdings nicht durch ausdrückliches, sondern durch sog. *konkludentes*, d.h. schlüssiges Verhalten geschlossen.

Der Antragende bringt allein durch sein Verhalten zum Ausdruck, dass er ein bestimmtes Angebot unterbreitet.

Beispiel 1: A legt an der Kasse des Supermarkts die Waren auf das Fließband. Damit gibt er konkludent ein Angebot auf Abschluss eines Kaufvertrags ab.

Auch der Annehmende bringt im täglichen Leben häufig konkludent zum Ausdruck, dass er ein bestimmtes Angebot annehmen will.

Beispiel 2: Marktschreier M ruft: „Hier das letzte Kilo Äpfel für nur 99 Cent!". Ohne ein Wort zu sagen, legt der A 99 Cent auf die Theke. Damit hat er das Angebot des M konkludent angenommen.
Beispiel 3: A steigt in die Straßenbahn ein. Damit nimmt er konkludent das Angebot auf Abschluss eines Beförderungsvertrags an.

Bei der Frage, ob das Verhalten des Antragenden ein wirksames Angebot darstellt, ist stets zu prüfen, ob der Antragende sich tatsächlich, wie § 145 es voraussetzt, binden will. Ein solcher Bindungswille fehlt insbesondere in *zwei* Fällen:

1. Der Inhaber eines Geschäfts will im Regelfall selbst darüber entscheiden, ob und mit wem er einen Kaufvertrag abschließt. Die **Auslage von Waren** außen im Schaufenster oder innen im Selbstbedienungsladen stellt damit noch kein Angebot dar. Es handelt sich vielmehr um eine sog. *invitatio ad offerendum*, d.h. um eine Aufforderung an den Kunden, ein Angebot abzugeben. Dies tut der Kunde meistens durch Vorlage der Ware an der Kasse.

2. Ähnlich verhält es sich mit einer **Annonce** in der Zeitung. Wäre bereits diese Annonce ein Angebot, könnte jeder, der sich auf die Annonce meldet, durch Annahme einen Kaufvertrag zustandebringen. Der Verkäufer könnte jedoch unter Umständen nicht alle Kunden beliefern und würde sich dadurch schadensersatzpflichtig machen. Deshalb ist auch eine Annonce nur eine invitatio ad offerendum. Bekundet ein Interessent, dass er die annoncierte Sache erwerben will, so gibt er ein Angebot ab, das der Verkäufer annehmen oder ablehnen kann.

Hingegen will sich der Aufsteller eines **Automaten** durchaus binden. Mit dem Aufstellen des Automaten gibt er ein Angebot an jedermann ab, sog. *Offerte ad incertas personas*.

Ein Bindungswille ist ferner ebenfalls bei demjenigen anzunehmen, der **Waren** zusendet, die der Empfänger gar **nicht bestellt** hat. Die Zusendung stellt ein Angebot dar, das der Empfänger grds. annehmen kann. Wenn ein **Unternehmer** an einen **Verbraucher** eine *unbestellte* Sache liefert, wird ein Anspruch gegen den Verbraucher aber nicht begründet, vgl. **§ 241 a I**!

Hinweis: Lässt der Empfänger die Waren einfach unbeachtet liegen, so kommt ein Kaufvertrag nicht zustande. Denn *Schweigen* ist grundsätzlich keine Willenserklärung, also auch keine Annahme! Ein Erklärungsgehalt wird dem Schweigen nur in folgenden Ausnahmefällen beigemessen: § 108 II Satz 2 BGB, § 177 II Satz 2 BGB sowie (unter Kaufleuten) § 362 I des Handelsgesetzbuchs (HGB).

Eine weitere Fallgruppe, bei der das Verhalten des Antragenden kein wirksames Angebot darstellt, ist die sogenannte **Gefälligkeit.** Hier fehlt es regelmäßig an einem **Rechtsbindungswillen** des Antragenden.

Beispiel 4: B bietet seinem Arbeitskollegen A an, ihn ausnahmsweise in seinem PKW mit nach Hause zu nehmen.
Beispiel 5: A hütet das Haus des Nachbarn B während dessen Urlaubs.

Für eine gute Klausur oder Hausarbeit reicht es jedoch keinesfalls, einfach zu schreiben, dass eine invitatio bzw. Gefälligkeit vorliegt und ein wirksames Angebot damit nicht gegeben ist. Vielmehr muss immer im Wege der **Auslegung** nach dem Empfängerhorizont gemäß §§ 133, 157 ermittelt werden, ob ein wirksames Angebot vorliegt.

Dazu leitet man die Prüfung, ob ein wirksames Angebot vorliegt, einfach mit folgendem Satz ein: „Ob der X ein wirksames Angebot abgegeben hat, ist im Wege der Auslegung gemäß §§ 133,157 BGB zu ermitteln". Dann listet man alle Argumente auf, die für oder gegen ein wirksames Angebot sprechen. Bei der Schaufensterauslage könnte man z.B. schreiben:

Gegen ein wirksames Angebot sprechen folgende Umstände:

1. Stellt sich heraus, dass der Kunde nicht zahlungsfähig ist, will der Geschäftsinhaber in der Lage sein, das Zustandekommen des Vertrags zu verhindern.
2. Der Verkäufer wäre verpflichtet, an jeden Kunden, der das Angebot annimmt, zu liefern und könnte dann möglicherweise nicht alle Verträge erfüllen. Er wäre dann u.U. schadensersatzpflichtig.
3. Kauft z.B. ein Konkurrent das gesamte Sonderangebot auf, will der Verkäufer in der Lage sein, den Verkauf auf bestimmte Mengen zu begrenzen.

Erst am Ende der Auslegung stellt man dann fest, ob ein wirksames Angebot vorliegt oder nicht. Bei der *Gefälligkeit* sollte man im Wege der Auslegung nach §§ 133, 157 folgende Kriterien berücksichtigen:

- Liegt ein uneigennütziges Handeln ohne nennenswertes Eigeninteresse vor?
  Wenn z.B. der B den Kollegen A in *Beispiel 4* regelmäßig mit seinem PKW nach Hause nimmt und dafür Geld bekommt, spricht dies gegen eine reine Gefälligkeit und für einen *Rechtsbindungswillen* des B. Dann ist vermutlich ein Beförderungsvertrag zustande gekommen.
- Auch wenn ein uneigennütziges Handeln vorliegt, kann ein Vertrag zustande kommen, wenn dies nach dem *Grund*, dem *Zweck* oder der *wirtschaftlichen Bedeutung* der Zusage geboten erscheint.
  Wenn dem A in *Beispiel 5* deutlich gemacht worden ist, dass er im Haus des Nachbarn B während dessen Urlaubs insbesondere die pflegebedürftigen, sehr teuren Zimmerpflanzen zu versorgen hat, könnte man der Zusage des A unter Umständen einen *Rechtsbindungswillen* entnehmen. Kriterien sind stets der *Wert der anvertrauten Sache* und das erkennbare *Interesse des Begünstigten* an ihrem Schutz.

Nachdem oben dargelegt worden ist, in welchen Fällen ein wirksames Angebot vorliegt, geht es nun um die Frage, auf welche Weise die **Annahme** zu erfolgen hat. Nach **§ 147 I** kann der einem *Anwesenden* gemachte Antrag nur sofort angenommen werden. Dies gilt auch von einem mittels Fernsprechers oder einer sonstigen technischen Einrichtung von Person zu Person gemachten Antrag.
Der einem *Abwesenden* gemachte Antrag kann nach **§ 147 II** nur bis zu dem Zeitpunkt angenommen werden, in welchem der Antragende den Eingang der Antwort unter regelmäßigen Umständen erwarten darf. Hat der Antragende für die Annahme des Antrags eine Frist bestimmt, so kann die Annahme nach § 148 nur innerhalb der Frist erfolgen. Nach § 150 I gilt die verspätete Annahme eines Antrags als neuer Antrag.

Beispiel 6: A und B hatten vereinbart, dass der A bis zum 31.12.03 mitteilen sollte, ob er den BMW des B kaufen möchte. Wenn A erst am 01.01.04 zusagt, gibt er damit ein neues Angebot ab, das der B annehmen oder ablehnen kann.

Eine Annahme unter **Erweiterungen**, **Einschränkungen** oder sonstigen Änderungen gilt nach **§ 150 II** als *Ablehnung* verbunden mit einem neuen Antrag.

Beispiel 7: B sagt zu A: „Ich verkaufe dir meinen BMW für nur 8.900 Euro!". A entgegnet: „Ist O.K., allerdings gebe ich für diesen „Schrottwagen" nur 4.900 Euro!" Hier hat A aufgrund des geänderten Preises das Angebot des B nach § 150 II abgelehnt und ein neues Angebot über 4.900 Euro unterbreitet, das der B nun annehmen oder ablehnen kann.

Abgabe und Zugang

Eine Willenserklärung (= Angebot, Annahme, Anfechtung, Kündigung) wird jeweils nur dann wirksam, wenn sie **abgegeben** worden ist und dem Vertragspartner zugeht. Abgegeben ist sie, wenn sie willentlich so auf den Weg gebracht wurde, dass der Erklärende nichts mehr tun muss, damit die Willenserklärung wirksam wird.

Beispiel 8: A wirft den Angebots-Brief in den Hausbriefkasten des B ein. B wirft seinen Brief mit der Annahmeerklärung in einen Post-Briefkasten ein.

Die Voraussetzungen des **Zugangs** sind in **§ 130** geregelt. Zu unterscheiden sind insbesondere zwei Fallgruppen:
1. Die *schriftliche* Willenserklärung wird unter Abwesenden abgegeben.
2. Die *mündliche* Willenserklärung wird unter Abwesenden abgegeben.

In Fallgruppe 1 (*schriftliche* Willenserklärung unter Abwesenden) wird nach § 130 I die Willenserklärung wirksam, wenn sie dem anderen zugeht. Der Zugang ist gegeben, wenn die Erklärung erstens

- *in den Machtbereich des Empfängers gelangt* und zweitens
- *mit der Kenntnisnahme unter gewöhnlichen Umständen, insbesondere auch in zeitlicher Hinsicht, zu rechnen* ist.

Beispiel 9: In den Machtbereich des anderen gelangt ein Schreiben z.B. durch Einwurf in den Hausbriefkasten, Geschäftsbriefkasten und das Postfach oder durch Zufaxen. Mit der Kenntnisnahme unter gewöhnlichen Umständen ist z.B. nicht zu rechnen, wenn ein Brief außerhalb der Geschäftszeiten (z.B. nachts um 24 Uhr oder am Sonntag) eingeworfen wird.

Für Klausuren und Hausarbeiten besonders relevant ist die Frage eines **Widerrufs** gemäß § 130 I Satz 2. Das Angebot bzw. die Annahme wird nämlich nicht wirksam, wenn dem anderen *vorher oder gleichzeitig* ein Widerruf zugeht.

Beispiel 10: B bietet dem A seinen BMW für 8.900 Euro an. Das Angebot faxt er dem A nachts um 24 Uhr. Am nächsten Tag bietet jemand für den BMW 9.700 Euro. B faxt daher dem A gegen 14 Uhr, er widerrufe sein Angebot. A kommt um 14.30 Uhr und liest zuerst den Widerruf, anschließend das Angebot des B. Hat B wirksam widerrufen?

Lösung: Entscheidend ist hier, dass das Angebot des B im Laufe des Vormittags dem A zugegangen ist, weil zu dieser Zeit mit einer Kenntnisnahme gewöhnlich zu rechnen war. Der Widerruf des B um 14 Uhr ist damit nicht „vorher oder gleichzeitig", sondern erst *nach* dem Zugang seines Angebots erfolgt. Daran ändert auch nichts, dass der A den Widerruf zuerst gelesen hat.

Bekannt sein sollte ferner, welche Auswirkungen der **Tod** des Antragenden hat.

Beispiel 11: A will bei Schneider B einen Maßanzug bestellen. Er geht zum Postkasten und wirft die Bestellung ein. Auf dem Rückweg nach Hause bekommt er einen Herzinfarkt und stirbt. B fertigt den Anzug und verlangt vom Erben E Zahlung des Kaufpreises aus § 433 II. Zu Recht?

Lösung: Es müsste ein Kaufvertrag geschlossen worden sein. Gemäß **§ 130 II** hat es auf die Wirksamkeit des Angebots des A keinen Einfluss, dass er nach der Abgabe gestorben ist. Nach **§ 153** wird das Zustandekommen eines Vertrags auch nicht dadurch gehindert, dass der Antragende vor der Annahme stirbt oder geschäftsunfähig wird, es sei denn, dass ein anderer Wille des Antragenden anzunehmen ist. Bei Waren, die vom Verstorbenen für seinen persönlichen Bedarf bestellt worden sind, ist regelmäßig ein solcher entgegenstehender Wille anzunehmen. Da es sich vorliegend um einen Maßanzug handelte, ist also ein entgegenstehender Wille des A zu vermuten. B kann also mangels Vertrags nicht Zahlung des Kaufpreises aus § 433 II verlangen.

Ein weiteres klausurträchtiges Problem ist die sog. **Zugangsvereitelung.** Wenn der Empfänger den Inhalt des Schreibens schon kennt oder mit einem bestimmten Inhalt rechnet und deshalb den Zugang bewusst vereitelt, wird **analog § 162 I** der Zugang fingiert.

Beispiel 12: Arbeitnehmer A weiß, dass sein Chef C ihm bald eine schriftliche Kündigung nach Hause schicken wird. Deshalb klebt er seinen Briefkasten so zu, dass der Briefträger den Brief nicht einwerfen kann. - Hier wird der Zugang analog § 162 I fingiert, d.h. die Kündigung gilt als zugegangen.

Weiterhin sollte unbedingt der **§ 151** bekannt sein. Nach dieser Vorschrift ist der *Zugang* der Annahmeerklärung entbehrlich, wenn eine solche Erklärung nach der Verkehrssitte nicht zu erwarten ist oder der Antragende auf sie verzichtet hat. Erforderlich ist nach überwiegender Ansicht jedoch, dass der *Annahmewille* nach außen deutlich wird.

Beispiel 13: A, der ständig unterwegs ist, lässt bei Hotelier B per Fax um 17 Uhr ein Zimmer für 18 Uhr reservieren und schreibt, dass er bis 18 Uhr nicht erreichbar ist. Der B trägt die Reservierung in sein Reservierungsbuch ein. Ist ein Vertrag zustande gekommen?

Lösung: A hat auf den Zugang der Annahmeerklärung verzichtet. Der B hat seinen *Annahmewillen* durch Eintragung in das Reservierungsheft nach außen betätigt. Somit ist ein (Beherbergungs-)Vertrag zustande gekommen.

Beispiel 14: A bestellt bei B, der einen Versandhandel betreibt, per Postkarte einen Heimtrainer. B antwortet nicht, sondern holt einen Heimtrainer aus seinem Lager und macht ihn fertig für den Versand. Ist ein Kaufvertrag zustande gekommen?
Lösung: Im Versandhandel entspricht es der Verkehrssitte, dass bestellte Waren ohne ausdrückliche Annahmeerklärung ausgeliefert werden. Eine Annahmeerklärung musste B daher nicht abgeben. Seinen *Annahmewillen* hat er durch das Fertigmachen des Heimtrainers für den Versand nach außen dokumentiert. Ein Kaufvertrag ist zustande gekommen.

Nachfolgend geht es nun um die zweite auf Seite 12 genannte Fallgruppe, nämlich um *mündliche* Willenserklärungen unter Abwesenden. Während bei schriftlichen Willenserklärungen regelmäßig das Papier die Nachricht an den Empfänger übermittelt, ist dies bei mündlichen Willenserklärungen meist eine Person. Ob und wann die Willenserklärung zugeht, hängt davon ab, ob diese Person als

1. **Vertreter des Empfängers**
2. **Empfangsbote**
3. **Erklärungsbote**

einzuordnen ist.

1. Vertreter des Empfängers ist jemand, der zur Entgegennahme von Willenserklärungen besonders ermächtigt und berechtigt ist. Gibt jemand dem Vertreter gegenüber eine Willenserklärung ab, so wirkt diese gemäß § 164 III bereits unmittelbar für und gegen den Vertretenen. Auf eine Weitergabe vom Vertreter an den Vertretenen kommt es nicht an.

Beispiel 15: A ist von Unterhosenhersteller U dazu bevollmächtigt, alles, was mit dem Verkauf der Firmenprodukte zu tun hat, selbständig abzuwickeln. A bietet dem Kunden K 1000 Designer-Unterhosen an. Kunde K erklärt am Telefon, er nehme das Angebot an. Wirkte die Annahmeerklärung des K unmittelbar für und gegen U?

Lösung: Die Vollmacht des A umfasste auch die Vollmacht zur Entgegennahme der Erklärung des K. A war daher Empfangsvertreter des U, so dass die Annahmeerklärung des K gemäß § 164 III unmittelbar gegenüber dem Vertretenen U wirkte. Zur Stellvertretung vgl. auch Lektion 4, Seite 35.

2. Empfangsbote ist jemand, der vom Empfänger zur Entgegennahme von Erklärungen bestellt worden ist oder nach der Verkehrsanschauung als bestellt anzusehen ist, z.B. Ehegatten, in der Wohnung lebende erwachsene Familienmitglieder sowie Hausangestellte. Entscheidend ist, dass die Mittelsperson in der Lage ist, die Erklärung zuverlässig zu erfassen und weiterzugeben. Ist jemand als Empfangsbote einzustufen, so geht die Erklärung dem Empfänger in dem Zeitpunkt zu, in dem regelmäßig die Weiterleitung an ihn *zu erwarten* war. Wird die Nachricht unrichtig, verspätet oder gar nicht übermittelt, so geht das zu Lasten des Empfängers.

3. Erklärungsbote ist jemand, der nach der Verkehrsanschauung als nicht ermächtigt anzusehen ist, z.B. Kinder, der Nachbar oder ein zufällig im Haus befindlicher Handwerker. Die Erklärung des Erklärungsboten geht dem Empfänger erst zu, wenn der Erklärungsbote sie ihm *tatsächlich übermittelt.* Das Risiko der unrichtigen oder völlig unterbliebenen Übermittlung trägt damit der Erklärende.

Beispiel 16: B bietet dem A seinen BMW für 8.900 Euro an. A soll am nächsten Tag bis 12 Uhr mitteilen, ob er den Wagen kaufen will. A trifft am nächsten Tag um 9 Uhr morgens im Hausflur des B dessen sechsjährigen Sohn S und sagt zu ihm: „Bitte sage deinem Vater, dass ich den BMW kaufen will!". S gibt die Nachricht nicht an seinen Vater B weiter. B verkauft das Auto am Nachmittag an C. Der verärgerte A will wissen, ob zwischen ihm und B ein Kaufvertrag zustande gekommen ist.

Lösung: Ein Kaufvertrag kommt durch Angebot und Annahme zustande. A hat das Angebot des B angenommen. Fraglich ist, ob seine Annahmeerklärung dem B *zugegangen* ist. Der Sohn S war hier Erklärungsbote, so dass die Nachricht des A dem B erst mit der tatsächlichen Übermittlung zugegangen wäre. Diese ist jedoch nicht erfolgt, so dass die Annahmeerklärung des A dem B nicht zugegangen ist. Also ist ein Kaufvertrag nicht zustande gekommen.

▸ Literatur zu dieser Lektion

🕮 Skript **20 Standardfälle Zivilrecht für Anfänger**, Fälle 1, 3, 14

🕮 Früh, **JuS** 1993, 829 ff.; **JuS** 1994, 212 ff.

Lektion 3: Die Wirksamkeit des Vertrags

Wenn ein Vertrag durch Angebot und Annahme geschlossen wurde, heißt dies noch lange nicht, dass er auch wirksam ist. Werden bestimmte Vorschriften nicht beachtet oder wird nachträglich die Anfechtung erklärt, so ist der Vertrag im Regelfall von Anfang an unwirksam bzw. nichtig.

Gründe für die Unwirksamkeit können sein:

- Geschäftsunfähigkeit, § 105
- Beschränkte Geschäftsfähigkeit, §§ 106 ff.
- Formmangel, § 125
- Verstoß gegen ein gesetzliches Verbot, § 134
- Sittenwidrigkeit, § 138
- Eine erfolgte Anfechtung, § 142

1. Die Geschäftsunfähigkeit

Nach § 105 I ist die Willenserklärung eines Geschäftsunfähigen nichtig. Geschäftsunfähig ist nach § 104, wer nicht das siebente Lebensjahr vollendet hat, oder wer sich in einem die freie Willensbestimmung ausschließenden Zustand krankhafter Störung der Geistestätigkeit befindet, sofern nicht der Zustand seiner Natur nach ein vorübergehender ist. Nichtig ist nach § 105 II auch eine Willenserklärung, die im Zustand der Bewusstlosigkeit oder vorübergehender Störung der Geistestätigkeit abgegeben wird.

Beispiel 1: Der sechsjährige A bietet dem völlig betrunkenen B für 50,- Euro sein Fahrrad zum Kauf an. B sagt: „Nehme ich!". Ist der Kaufvertrag wirksam?

Lösung: Der A ist noch nicht sieben Jahre alt und damit nach § 104 Nr. 1 geschäftsunfähig, seine Willenserklärung damit nach § 105 I nichtig. Die Annahmeerklärung des B ist aufgrund seiner Betrunkenheit, die als „vorübergehende Störung der Geistestätigkeit" anzusehen ist, nach § 105 II nichtig. Der Kaufvertrag ist also unwirksam.

2. Die beschränkte Geschäftsfähigkeit

Ein Minderjähriger, der das siebente Lebensjahr vollendet hat, ist – so steht es in § 106 - nach Maßgabe der §§ 107 bis 113 in der Geschäftsfähigkeit beschränkt. Das bedeutet, dass für Personen, die zwischen 7 und 18 Jahre alt sind, die Sonderregeln der §§ 107 ff. gelten.

Der Gesetzgeber wollte damit erreichen, dass Minderjährige vor Rechtsfolgen geschützt werden, die sie noch nicht übersehen können und die für sie am Ende unter Umständen *nachteilig* sind.

Beispiel 2: Der sechzehnjährige A nimmt bei der Sparkasse einen Kredit in Höhe von 8.000 Euro zum sehr günstigen Zinssatz von 0,8 % auf. Davon möchte er sich einen Motorroller kaufen und anschließend vier Wochen nach Mauritius in den Urlaub fliegen. Er übersieht dabei, dass er den Kredit mit dem ihm zur Verfügung stehenden Mitteln in den nächsten Jahren überhaupt nicht zurückzahlen kann.

Der Gesetzgeber stellt den Schutz des Minderjährigen sicher, indem er verlangt, dass grundsätzlich der gesetzliche Vertreter *einwilligt*, d.h. sich *vorab* mit dem Rechtsgeschäft einverstanden erklärt. Nach § 1629 I Satz 2 sind grundsätzlich die *Eltern* gemeinschaftlich gesetzlicher Vertreter ihres Kindes. Ihre Einwilligung ist nur in folgenden Ausnahmefällen überflüssig:

- Das Rechtsgeschäft ist für den Minderjährigen rechtlich vorteilhaft, § 107
- Der Minderjährige bezahlt mit „Taschengeld", § 110
- Der Minderjährige ist zum selbständigen Betrieb eines Erwerbsgeschäfts ermächtigt und gibt in diesem Bereich eine Willenserklärung ab, § 112
- Der Minderjährige ist ermächtigt, in ein Dienst- oder Arbeitsverhältnis zu treten und gibt in diesem Bereich eine Willenserklärung ab, § 113.

Nachfolgend werden die drei für Klausuren und Hausarbeiten wichtigsten Vorschriften, nämlich **§§ 107,108** und **§ 110** erläutert. Zentrale Fragen sind hier stets, was unter „lediglich rechtlich vorteilhaft" in § 107 und unter „bewirkt" in § 110 zu verstehen ist.

1. Als **lediglich rechtlich vorteilhaft** sind allein solche Rechtsgeschäfte einzustufen, die dem Minderjährigen einen *rechtlichen* Vorteil bringen. Auf einen etwaigen *wirtschaftlichen* Vorteil kommt es nicht an.

In *Beispiel 2* würde der A als Darlehensnehmer verpflichtet, gemäß § 488 I 2 einen geschuldeten Zins zu zahlen und bei Fälligkeit das zur Verfügung gestellte Darlehen zurückzuerstatten. Dadurch würde seine Rechtsposition verschlechtert. Unerheblich ist, dass ein Zinssatz von 0,8 % wirtschaftlich gesehen ausgesprochen günstig ist. Damit ist der Darlehensvertrag rechtlich nachteilig.

Beispiel 3: Der volljährige A schenkt dem minderjährigen B unter Beachtung der Formvorschriften sein Fahrrad und übereignet es an ihn. Ist dies vorteilhaft?
Lösung: Der *Schenkungsvertrag* gemäß § 516 ist rechtlich vorteilhaft, weil der B dadurch einen *Anspruch auf Übereignung* des Fahrrads erwirbt. Also wird seine Rechtsposition verbessert. Auch die *Übereignung* des Fahrrads nach § 929 S.1 ist für B vorteilhaft, weil er damit Eigentümer des Fahrrads wird und so seine Rechtsposition verbessert. Zum Abstraktionsprinzip vgl. Lektion 6, S. 55 ff.

Beispiel 4: Der volljährige A verkauft dem minderjährigen B sein Fahrrad und übereignet es an ihn. Erlangt B dadurch einen rechtlichen Vorteil?
Lösung: Der *Kaufvertrag* ist rechtlich nachteilig, weil der B gemäß § 433 II zur Kaufpreiszahlung verpflichtet wird. Die *Übereignung* des Fahrrads nach § 929 S.1 ist für B vorteilhaft weil er damit Eigentümer des Fahrrads wird und so seine Rechtsposition verbessert. Zum Abstraktionsprinzip vgl. Lektion 6, S. 55 ff.

Beispiel 5: Der volljährige A vermietet dem minderjährigen B seine Wohnung.
Lösung: Der *Mietvertrag* ist rechtlich nachteilig, weil der B gemäß § 535 II zur Mietzahlung verpflichtet wird.

Beispiel 6: Der volljährige A übereignet dem minderjährigen B ein Grundstück, das mit einer Grundschuld belastet ist und für das jährlich 1.000 Euro Steuern zu zahlen sind. Erlangt B dadurch einen rechtlichen Vorteil?
Lösung: Die *Übereignung* des Grundstücks ist rechtlich vorteilhaft, weil der B dadurch Eigentümer wird. Die Grundschuld birgt lediglich die Gefahr einer Zwangsvollstreckung in das geschenkte Grundstück, jedoch keine darüber hinausgehende persönliche Verpflichtung des B. Mittelbare, kraft Gesetzes eintretende öffentliche Lasten wie Steuern ändern nach überwiegender Ansicht nichts am Vorliegen des rechtlichen Vorteils. Also ist die Übereignung rechtlich vorteilhaft.

Was geschieht nun, wenn ein Minderjähriger einen Vertrag geschlossen hat, zu dem die Eltern *vorab* nicht ihre Einwilligung erteilt haben und der auch nicht rechtlich vorteilhaft gemäß § 107 ist? Er ist zunächst *schwebend unwirksam*. Die Eltern haben nach § 108 I die Möglichkeit, den Vertrag zu *genehmigen*, d.h. ihm *nachträglich* zuzustimmen. Der Oberbegriff „Zustimmung" kann also unterteilt werden in die Begriffe „Einwilligung" und „Genehmigung".

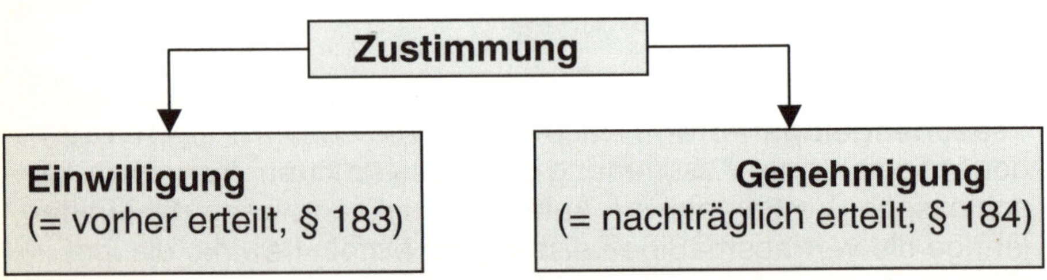

Nach § 108 II 1 kann der Geschäftspartner des Minderjährigen die Eltern zu einer Erklärung über die Genehmigung auffordern. Nach § 108 II 2 haben die Eltern dann für ihre Genehmigung zwei Wochen Zeit. Wenn sie den Vertrag bis zum Ablauf der zwei Wochen nicht genehmigt haben, gilt ihr Schweigen als Verweigerung der Genehmigung.

Beispiel 7: Der minderjährige B kauft sich im Motorradgeschäft des M ohne Wissen seiner Eltern ein Mofa. Als M von der Minderjährigkeit des B erfährt, ruft er sofort bei B's Mutter an und bittet um ihre Genehmigung. Diese sagt: „So ein gefährliches Ding kommt mir nicht ins Haus!“ Kann der M Zahlung des Kaufpreises verlangen?

<u>M könnte gegen B einen Anspruch auf Kaufpreiszahlung aus § 433 II haben.</u> Dazu müsste ein wirksamer *Kaufvertrag* zwischen M und B geschlossen worden sein. M und B haben sich *geeinigt* und so einen Kaufvertrag geschlossen. B ist jedoch minderjährig, so dass der Vertrag nur wirksam sein kann, wenn er rechtlich vorteilhaft ist, die Eltern vorab eingewilligt oder nachträglich genehmigt haben. Wegen der Verpflichtung zur Kaufpreiszahlung ist ein Kaufvertrag immer rechtlich nachteilig. Laut Sachverhalt wussten die Eltern nichts vom Mofakauf. Eine Einwilligung scheidet damit aus. Eine (nachträgliche) Genehmigung gemäß § 108 I, II hat die Mutter konkludent verweigert. Ein wirksamer Kaufvertrag besteht also nicht. M kann nicht Kaufpreiszahlung aus § 433 II verlangen.

Dürfen die Eltern nun jedes beliebige Rechtsgeschäft ihres Kindes genehmigen? Bestimmte Rechtsgeschäfte sind für den Minderjährigen so bedeutsam, dass der Gesetzgeber sich entschieden hat, ihn quasi vor seinen eigenen Eltern zu schützen. Solche bedeutsamen Rechtsgeschäfte, die in § 1821 und in § 1822 Nr. 1, 3, 5, 8 bis 11 gelistet sind (lesen!), sind z.B. die Verfügung über ein dem Minderjährigen gehörendes (z.B. geerbtes) Grundstück oder die Aufnahme eines Kredits. Für derartige Rechtsgeschäfte benötigen die Eltern nach § 1643 I die Genehmigung des Familiengerichts.

In *Beispiel 2* (Aufnahme eines Kredits durch den sechzehnjährigen A) hätte also eine Genehmigung der Eltern nicht ausgereicht, um den Darlehensvertrag wirksam werden zu lassen. Dazu wäre nach §§ 1643 I, 1822 Nr. 8 die Genehmigung des Familiengerichts erforderlich gewesen.

2. Wenden wir uns nun dem **§ 110** zu, dem sogenannten **„Taschengeldparagraf“**. Nach dieser Vorschrift gilt ein vom Minderjährigen ohne Zustimmung des gesetzlichen Vertreters geschlossener Vertrag als von Anfang an wirksam, wenn der Minderjährige die vertragsmäßige Leistung mit Mitteln bewirkt, die ihm zu diesem Zweck oder zu freier Verfügung von dem Vertreter oder mit dessen Zustimmung von einem Dritten überlassen worden sind. Diese Vorschrift regelt lediglich einen besonderen Anwendungsfall des § 107. Durch die Überlassung des „Taschengelds" bringen die Eltern nämlich konkludent zum Ausdruck, dass sie grundsätzlich ihre Einwilligung zu damit von ihrem Kind geschlossenen Rechtsgeschäften erteilen. Die Grenze ihrer Einwilligung ist allerdings dann erreicht, wenn der Minderjährige von dem Geld etwas kauft, was sich offensichtlich nicht mehr im Rahmen des Vernünftigen hält.

Beispiel 8: Die 16 jährige B kauft sich am Kiosk ohne Wissen ihrer Eltern von ihrem Taschengeld die Zeitschrift „Young Miss". Ist der Vertrag wirksam?

Lösung: Die B hat die Zeitung mit dem Geld gekauft, das die Eltern ihr zur freien Verfügung überlassen hatten. Der Erwerb der Zeitschrift „Young Miss" überschreitet auch nicht offensichtlich die Grenzen der (konkludenten) Einwilligung der Eltern. Der Vertrag ist also wirksam.

Anwendbar ist § 110 weiterhin nur dann, wenn der Minderjährige die Leistung auch tatsächlich bewirkt hat, d.h. im Regelfall den Kaufpreis gezahlt hat.

Beispiel 9: Der minderjährige B kauft ohne Wissen seiner Eltern ein Mofa für 600,- Euro und zahlt von seinem Taschengeld 200,- Euro an. Den Rest will er in Raten zu je 25,- Euro abzahlen. Ist der Kaufvertrag wirksam?

Lösung: Der Kaufvertrag ist erst wirksam, wenn der B die Leistung – Zahlung des Kaufpreises – auch tatsächlich bewirkt hat. Bis zur Zahlung der letzten Rate ist er damit schwebend unwirksam. Die Eltern können ihn jedoch nach § 108 genehmigen.

Die Vorschriften der §§ 108 ff. sind nicht nur für Minderjährige relevant, sondern finden nach § 1903 I 2 auch für Betreute entsprechend Anwendung, wenn das Vormundschaftsgericht einen *Einwilligungsvorbehalt* angeordnet hat. Unter einem „Betreuten" versteht man nach § 1896 einen Volljährigen, der auf Grund einer psychischen Krankheit oder einer körperlichen, geistigen oder seelischen Behinderung seine Angelegenheiten ganz oder teilweise nicht besorgen kann. Das Vormundschaftsgericht bestellt für ihn einen *Betreuer*. Dieser kann dann in Rechtsgeschäfte des Betreuten einwilligen bzw. diese nach § 108 genehmigen.

3. Der Formmangel

Nach § 125 Satz 1 ist ein Vertrag nichtig, wenn die gesetzlich vorgeschriebene Form nicht eingehalten worden ist.

Welche Formen gibt es?

- Die **Schriftform** nach **§ 126**. Hier genügt regelmäßig eine eigenhändige Unterschrift des Ausstellers. Anwendungsfall ist z.B. das Verbraucherdarlehen nach § 492, der Mietvertrag nach § 550, die Bürgschaft nach § 766 oder die Kündigung des Arbeitsvertrags nach § 623.
- Die **elektronische Form**, **§ 126 a**.
- Die **Textform**, **§ 126 b**, vgl. z.B. § 355.
- Die **notarielle Beurkundung**, **§ 128**. Hier erfolgt eine Verhandlung vor dem Notar und Niederschrift darüber, die vorgelesen, genehmigt und von den Beteiligten sowie dem Notar unterschrieben wird. Anwendungsfälle sind der Grundstückskaufvertrag, § 311 b, der Schenkungsvertrag, § 518 I, der Ehevertrag, § 1410 und der Erbvertrag, § 2276
- Die **Notarielle Beglaubigung**, **§ 129**. Hierbei wird nur die *Unterschrift* unter einem Text beglaubigt. Der Notar bestätigt mit seiner Unterschrift, dass der Erklärende mit dem Unterschriftsleistenden identisch ist.

Warum gibt es Formvorschriften? Die Form hat eine

- **Warnfunktion**: Mündliche Vereinbarungen werden oft unbedachter als schriftliche getroffen.
- **Beweisfunktion**: Kommt es später zu Streitigkeiten oder gar zu einem Gerichtsverfahren, hat jede Partei die Vereinbarung „schwarz auf weiß".
- **Beratungsfunktion**: Im Rahmen der notariellen Beurkundung (§ 128) erfolgt auch eine Beratung durch den Notar.

Kann ein Formmangel **geheilt** werden? Grundsätzlich führt der Mangel der Form nach § 125 Satz 1 zur Nichtigkeit des Vertrags. Ausnahmsweise wird die nicht eingehaltene Form jedoch durch *Erfüllung* geheilt.

Beispiel 9: A schließt mit B *mündlich* einen Kaufvertrag über sein Grundstück. Danach erfolgt die Auflassung und die Eintragung in das Grundbuch. Wirksam?
Lösung: Der Formmangel ist durch Auflassung und Eintragung gemäß § 311b I Satz 2 geheilt worden.

Beispiel 10: A schließt mit B *mündlich* einen Schenkungsvertrag über sein Fahrrad. Danach erfolgt die Übereignung des Fahrrads. Wirksam?
Lösung: Der Formmangel ist durch Übereignung des Fahrrads nach § 518 II geheilt worden.

Den oben genannten Beispielen kann allerdings nicht der allgemeine Grundsatz entnommen werden, dass ein Formmangel stets durch Erfüllung geheilt wird. Nur dann, wenn das Gesetz die Heilung ausdrücklich anordnet, tritt auch Heilung ein, vgl. z.B. auch § 494 II und § 766 Satz 3. Auf der anderen Seite besteht aber grundsätzlich auch keine Verpflichtung, eine bestimmte Form zu wählen, wenn das Gesetz eine solche Form nicht ausdrücklich vorschreibt. Es gilt der Grundsatz der **Formfreiheit**.

Beispiel 11: A schließt mit B *mündlich* einen Kaufvertrag über seinen Rolls-Royce im Wert von 100.000 Euro. Ist der Vertrag wirksam?
Lösung: Die Formvorschrift des § 311 b I gilt nur für Grundstückskaufverträge. Für Kaufverträge über bewegliche Sachen gibt es keine Formvorschrift. Also konnte der Vertrag auch mündlich geschlossen werden. Er ist damit wirksam.
Hinweis: In der Praxis werden Verträge über größere Summen und auch speziell über den Verkauf von PKWs aus Beweisgründen meist schriftlich geschlossen. Eine Verpflichtung dazu besteht aber nicht.

Beispiel 12: A schließt mit B *mündlich* einen Mietvertrag über Wohnraum. Ist der Vertrag wirksam?
Lösung: Die Formvorschrift des § 550 berührt nicht die Wirksamkeit des Vertrags, sondern nur seine zeitliche Geltung. Der Mietvertrag ist also wirksam.

4. Der Verstoß gegen ein gesetzliches Verbot, § 134

Nach § 134 ist ein Rechtsgeschäft, das gegen ein gesetzliches Verbot verstößt, nichtig, wenn sich nicht aus dem Gesetz ein anderes ergibt. Es muss sich dabei inhaltlich um ein Verbot handeln, das sich gerade gegen dieses Rechtsgeschäft richtet. Dabei ist insbesondere zu prüfen, ob sich das Verbot nur gegen *eine* oder gegen *beide* Vertragsparteien richtet. In letzterem Fall (Verbot für beide Parteien) ist regelmäßig davon auszugehen, dass das Rechtsgeschäft nichtig ist. Besteht ein Verbot nur für eine Partei, ist das Rechtsgeschäft grundsätzlich wirksam. Ausnahmsweise ist es nichtig, wenn der Zweck des Verbots nur durch Nichtigkeit des Vertrags sichergestellt werden kann.

Beispiel 13: Jurastudent J erklärt sich bereit, für seinen Bekannten B, der mit seinem Vermieter V Ärger hat, gegen Entgelt einen Rechtsstreit vor Gericht zu führen und schließt einen entsprechenden Vertrag. Ist der Vertrag wirksam?

Lösung: Der Vertrag verstößt gegen § 1 des Rechtsberatungsgesetzes. Danach darf die Besorgung fremder Rechtsangelegenheiten einschließlich der Rechtsberatung nur von Personen betrieben werden, denen dazu von der zuständigen Behörde die Erlaubnis erteilt ist. Zwar richtet sich das Verbot vorliegend nur gegen eine Partei (nämlich gegen den J, der die Rechtsberatung anbietet).

Jedoch kann sich bei einem nur einseitigen Verbot die Nichtigkeit aus dem Zweck des Verbots ergeben. Der Zweck des Rechtsberatungsgesetzes besteht unter anderem darin, zu verhindern, dass unqualifizierte Berater ihr Publikum falsch beraten. Dieser Zweck lässt sich nur durch Nichtigkeit des Vertrags erreichen. Ähnlich verhält es sich mit nicht autorisierten Steuerberatern, Heilpraktikern und Anbietern von Fernunterricht.

Beispiel 14: Wirt W schenkt nach der Polizeistunde weiterhin Bier aus, Ladeninhaber L verkauft nach Ladenschluss weiterhin Lebensmittel. Sind die mit den Kunden von L und W geschlossenen Verträge wirksam?
Lösung: Das Verbot, nach der Polizeistunde weiter auszuschenken bzw. entgegen § 3 I Ladenschlussgesetz nach Ladenschluss weiter Lebensmittel zu verkaufen, richtet sich nur einseitig gegen die Verkäufer L und W. Bei Verstoß gegen bloße *Ordnungsvorschriften* bleibt die Gültigkeit des Rechtsgeschäfts jedoch selbst dann unberührt, wenn diese sich an beide Parteien richten. Es gibt andere Möglichkeiten, um die Einhaltung der Ordnungsvorschriften sicherzustellen, z.B. die Verhängung eines Bußgelds. Also sind die von L und W geschlossenen Verträge wirksam.

5. Die Sittenwidrigkeit, § 138

Nach § 138 I ist ein Rechtsgeschäft, das gegen die *guten Sitten* verstößt, nichtig. *Sittenwidrig* ist ein Geschäft, wenn es gegen das Anstandsgefühl aller billig und gerecht Denkenden verstößt. Abzustellen ist dabei auf die nach allgemeiner Überzeugung geltenden, nicht kodifizierten Rechtsgrundsätze sowie auf die herrschende Rechts- und Sozialmoral. Der Sinn und Zweck des § 138 ist, einem Missbrauch der Privatautonomie entgegenzuwirken und dieser Grenzen zu setzen.

Beispiel 15: Die B verpflichtet sich, für das kinderlose Ehepaar E gegen Zahlung von 25.000 Euro ein Kind im Wege der künstlichen Befruchtung mit dem Samen des Ehemannes zu empfangen und auszutragen. Nach der Geburt soll es von der leiblichen Mutter freigegeben werden, damit die Eheleute es adoptieren können. Ist der Vertrag wirksam?
Lösung: Würde man den Vertrag für wirksam erachten, so würde das Kind quasi zu einer Art Handelsware degradiert. Dies ist jedoch mit der Würde des Menschen nach Art. 1 des Grundgesetzes nicht vereinbar. Nach überwiegender Ansicht ist der sog. Leihmuttervertrag deshalb nichtig.

Beispiel 16: Die als Hausfrau arbeitende und über keine eigenen finanziellen Mittel verfügende Ehefrau E unterzeichnet bei der Sparkasse S einen Bürgschaftsvertrag, in welchem sie sich verpflichtet, für alle gegenwärtigen und zukünftigen Verbindlichkeiten, die in dem ihrem Ehemann gehörenden Betrieb entstehen, zu bürgen. Aktuell sind dies 250.000 Euro. Ist der Bürgschaftsvertrag wirksam?
Lösung: Werden nahe Angehörige (Ehegatten, Kinder) ohne Einkommen und Vermögen mitverpflichtet, so kommt eine Anwendung des § 138 I wegen Überforderung ihrer Leistungsfähigkeit grundsätzlich in Betracht.

Im vorliegenden Fall könnte die Sittenwidrigkeit des Bürgschaftsvertrags bereits daraus resultieren, dass E auch für alle zukünftigen Forderungen bürgen muss. Damit haftet sie quasi unbegrenzt. Ein weiteres Kriterium, das auf Sittenwidrigkeit hindeutet ist, dass es sich ausschließlich um Forderungen aus dem Betrieb ihres Ehemannes handelt. Die E hat den Bürgschaftsvertrag also nicht aus Eigeninteresse geschlossen, wie dies z.B. beim Kauf eines Einfamilienhauses der Fall wäre. Wegen Sittenwidrigkeit ist der Bürgschaftsvertrag damit nach § 138 I nichtig.

Beispiel 17: Die Sparkasse schließt mit dem A einen Darlehensvertrag. Der A muss für das aufgenommene Darlehen 21 % Zinsen zahlen, obwohl der übliche Zinssatz bei 9 % liegt. Ist der Darlehensvertrag wirksam?
Lösung: Hier liegt ein wucherähnliches Geschäft vor, da ein auffälliges Missverhältnis zwischen Leistung (dem gewährten Darlehen) und Gegenleistung (den dafür zu zahlenden Zinsen) gegeben ist. Die Wuchergrenze ist überschritten, wenn mehr als das Zweifache des üblichen Zinssatzes verlangt wird. Damit ist vorliegend der Darlehensvertrag gemäß § 138 I sittenwidrig und damit nichtig.

Beispiel 18: Der Wirt W hat von Bierbrauer B dessen Gaststätte gepachtet. Trotz zurückgehender Umsätze verpflichtet B den W zeitgleich mit der Verlängerung des Pachtvertrags, 30 Jahre lang jedes Jahr 10.000 Liter Bier abzunehmen und vereinbart einschneidende Sanktionen für den Fall der Nichtabnahme. W lässt sich auf den Bierlieferungsvertrag ein, weil die von N angedeutete Nichtverlängerung des Pachtvertrags ihm wirtschaftliche Nachteile gebracht hätte.
Lösung: Es liegt ein Missbrauch der wirtschaftlichen Machtstellung durch einen sog. *Knebelungsvertrag* vor, der die wirtschaftliche Handlungsfreiheit des W lähmt. Der Bierlieferungsvertrag ist damit sittenwidrig.

Nach § 138 II ist nichtig insbesondere ein Rechtsgeschäft, durch das jemand unter Ausbeutung der Zwangslage, der Unerfahrenheit, des Mangels an Urteilsvermögen oder der erheblichen Willensschwäche eines anderen sich oder einem Dritten für eine Leistung Vermögensvorteile versprechen oder gewähren lässt, die in einem auffälligen Missverhältnis zu der Leistung stehen. Dieser sog. *Wuchertatbestand* erfordert zweierlei:

1. **Objektiv** muss ein **auffälliges Missverhältnis** zwischen Leistung und Gegenleistung bestehen.
2. **Subjektiv** muss der Wucherer die beim anderen Teil bestehende **Schwächesituation** (Zwangslage, Unerfahrenheit, mangelndes Urteilsvermögen, erhebliche Willensschwäche) ausgebeutet haben.

Beispiel 19: Versicherungsvertreter V weiß, dass die Aussiedler, die im Aussiedlerheim der Stadt S wohnen, mit den wirtschaftlichen Gegebenheiten in Deutschland noch nicht vertraut sind. Deshalb schließt er mit ihnen völlig überteuerte und auch überflüssige Versicherungsverträge. Sind diese wirksam?

Lösung: *Objektiv* besteht ein Missverhältnis zwischen Leistung und Gegenleistung, da die Versicherungsverträge völlig überteuert sind. *Subjektiv* hat der V die Unerfahrenheit der Aussiedler, d.h. deren Mangel an Lebens- oder Geschäftserfahrung, ausgenutzt. Die Versicherungsverträge sind damit nach § 138 II nichtig.

In einer Klausur oder Hausarbeit prüft man zuerst § 138 II. Häufig ergibt sich dabei, dass der Tatbestand in *subjektiver* Hinsicht nicht erfüllt ist, weil der Wucherer keine Schwächesituation seines Vertragspartners ausgenutzt hat. In diesem Fall prüft man als nächstes das Vorliegen einer *Sittenwidrigkeit* nach § 138 I. § 138 I unterscheidet sich von § 138 II vor allem durch das Fehlen des oben genannten subjektiven Elements. Diese Vorschrift ist daher von größerer praktischer Bedeutung als § 138 II.

6. Nichtigkeit nach erfolgter Anfechtung, § 142 I

Wird ein anfechtbares Rechtsgeschäft (insbesondere ein Vertrag) angefochten, so ist es gemäß § 142 I als von Anfang an nichtig anzusehen. Das bedeutet: Der anfechtbare Vertrag ist zunächst wirksam. Erst wenn einer der beiden Vertragspartner sich entschließt, den Vertrag zu „Fall zu bringen“ und wirksam die Anfechtung erklärt, ist der Vertrag als von Anfang an nichtig anzusehen.

Also: Ob ein Vertrag durch Anfechtung wieder vernichtet wird, liegt in der Entscheidungsgewalt der Vertragspartner. Sie können ihn anfechten, müssen es aber nicht. Zu beachten ist, dass die Anfechtung nur innerhalb bestimmter Fristen erklärt werden kann. Nach deren Ablauf ist die Anfechtung ausgeschlossen.

Ob eine wirksame Anfechtung vorliegt, wird meist in fünf Schritten geprüft, wobei zu den ersten drei Punkten (Anfechtungsgrund, -erklärung und –frist) in jedem Fall etwas gesagt werden muss.

1. **Anfechtungsgrund**
2. **Anfechtungserklärung**
3. **Anfechtungsfrist**
4. **Anfechtungsgegner**
5. **Kein Ausschluss der Anfechtung**

1. Der Anfechtungsgrund

Die wichtigsten Anfechtungsgründe sind:

- Der Inhalts- oder Erklärungsirrtum nach § 119 I
- Der Irrtum über wesentliche Eigenschaften, § 119 II
- Die unrichtige Übermittlung, § 120
- Die arglistige Täuschung, § 123
- Die widerrechtliche Drohung, § 123.

a) Der Inhalts- und Erklärungsirrtum, § 119 I

Hier muss ermittelt werden, ob ein *erheblicher Irrtum* vorliegt. Unter einem Irrtum versteht man das unbewusste Auseinanderfallen von Wille und Erklärung bzw. von Gewolltem und Erklärtem. Ob ein erheblicher Irrtum vorliegt, kann man leicht feststellen, indem man prüft:

- Was wollte der Erklärende erklären?
- Was hat er tatsächlich (objektiv) erklärt?
- Inwieweit stimmen das Erklärte und das Gewollte nicht überein?
- Hätte der Erklärende die Willenserklärung bei Kenntnis der Sachlage und bei verständiger Würdigung des Falles nicht abgegeben (sog. Erheblichkeit) ?

Beispiel 20: Kunstsammler A will dem Sammler B das Bild „Sonnen*aufgang*“ für 2.000 Euro verkaufen. In seinem Angebotsbrief schreibt er aber irrtümlich „Ich biete Ihnen das Bild „*Sonnenblume*“ für 2.000 Euro an“. B nimmt das Angebot an. A möchte den Kaufvertrag anfechten, weil er das Bild „Sonnenblume“, das 10.000 Euro wert ist, gar nicht anbieten wollte. Besteht ein Anfechtungsgrund?
Lösung: A wollte „Sonnenaufgang“ schreiben, hat aber tatsächlich „Sonnenblume“ geschrieben. Das Erklärte und das Gewollte stimmen damit nicht überein. Ein sog. *Erklärungsirrtum* des A *(= Versprechen, Verschreiben, Vergreifen)* nach § 119 I 2. Fall liegt vor. Bei Kenntnis der Sachlage hätte der A diese Erklärung nicht abgegeben (Erheblichkeit). Ein Anfechtungsgrund besteht.

Beispiel 21: Gastwirt W bestellt bei Großhändler G „25 Gros Rollen Toilettenpapier“. W glaubt, es handele sich um 25 große Rollen. Tatsächlich versteht man unter einem „Gros“ eine Maßeinheit, die 144 Rollen fasst. Als G die Lieferung von 25 X 144 = 3.600 Rollen Toilettenpapier ankündigt, fragt W vorsichtig bei seinem Rechtsanwalt an, ob er den Kaufvertrag anfechten kann.
Lösung: W wollte ein Angebot über 25 große Rollen Toilettenpapier abgeben. Tatsächlich hat er (objektiv) ein Angebot über 3.600 Rollen abgegeben. Das Erklärte und das Gewollte stimmen also nicht überein. Damit ist ein sog. *Inhaltsirrtum* nach § 119 I 1. Fall gegeben. Beim Inhaltsirrtum weiß der Erklärende, was er sagt, er weiß aber nicht, was er damit sagt. W hätte seine Erklärung bei verständiger Würdigung des Falles auch so nicht abgegeben (Erheblichkeit). Ein Anfechtungsgrund nach § 119 I 1. Fall besteht damit.

Beispiel 22: A bietet dem B das Pferd „Windfang" für 5.000 Euro an. B nimmt das Angebot an in dem Glauben, bei „Windfang" handele es sich um das 7 Jahre alte Turnier-Pferd des A, das regelmäßig Auszeichnungen gewonnen hat. Tatsächlich handelt es sich bei dem angebotenen „Windfang" um ein 6 Monate altes Fohlen. Kann B anfechten?
Lösung: Es liegt ein Inhaltsirrtum bezüglich der *Identität* des Pferdes vor, so dass B anfechten kann.

Beispiel 23: A möchte den Dachdecker Müller damit beauftragen, sein Dach neu zu decken. Versehentlich schickt er sein Auftragsschreiben jedoch an einen anderen Dachdecker, der ebenfalls Müller heißt.
Lösung: Es liegt ein Inhaltsirrtum bezüglich der *Identität* des Geschäftspartners vor, so dass A anfechten kann.

b) Der Irrtum über wesentliche Eigenschaften, § 119 II

Beim Irrtum nach § 119 II muss sich der Anfechtende über eine Eigenschaft einer Person oder Sache geirrt haben, die im Verkehr als wesentlich angesehen wird.

- Als **Eigenschaften** einer *Sache* gelten alle wertbildenden Faktoren, nicht aber der Wert oder Preis selbst.
- **Verkehrswesentlich** ist die Eigenschaft, wenn sie für das betreffende Rechtsgeschäft von wesentlicher Bedeutung ist. Das ist insbesondere dann der Fall, wenn die Eigenschaft ausdrücklich oder konkludent vereinbart wurde.

Bevor man § 119 II prüft, sollte man sich aber zunächst überlegen, ob § 119 II überhaupt **anwendbar** ist. Nicht anwendbar ist § 119 II, wenn die Sachmängelhaftung nach § 434 ff. eingreift. Der Grund dafür ist, dass die speziellen Regelungen des Gewährleistungsrechts, insbesondere Fristen, nicht durch Anfechtung umgangen werden sollen. Speziell bei *Kaufverträgen* ist also Vorsicht geboten!

Beispiel 24: Kunstsammler A bietet dem B das Bild „Sonnenblume" für 2.000 Euro an. B nimmt das Angebot an, weil der A ihm versichert hat, dass das Bild von dem bekannten Maler Otto Modersohn vor 105 Jahren gemalt wurde. A übergibt das Bild. Als sich später herausstellt, dass der unbekannte, noch lebende Künstler Fritz Fluppe das Bild gemalt hat, will der B den Kaufvertrag anfechten. Kann B gemäß § 119 II anfechten?

Lösung: Die Urheberschaft und das Alter sind verkehrswesentliche Eigenschaften des Bildes. Der Anfechtungsgrund nach § 119 II ist damit gegeben. Die Anfechtung nach § 119 II ist jedoch ausgeschlossen, wenn die Sachmängelhaftung nach § 434 ff. eingreift. Da das Bild nicht wie vereinbart von Otto Modersohn stammt und auch nicht 105 Jahre alt ist, hatte es bei Gefahrübergang (bei Übergabe) nicht die vereinbarte Beschaffenheit.

Also liegt ein Sachmangel nach § 434 I Satz 1 vor. B kann also nicht nach § 119 II anfechten, sondern ist auf seine Rechte aus § 437 (insbesondere Rücktritt und Minderung des Kaufpreises) beschränkt.

Kennen sollte man im Zusammenhang mit § 119 insbesondere auch den sog. *Kalkulationsirrtum.*

Beispiel 25: Malermeister M bietet dem B an, sein Haus für 3.000 Euro komplett zu tapezieren und zu streichen. B nimmt an. M geht davon aus, dass die zu tapezierende Fläche insgesamt 400 qm groß ist. Als M erfährt, dass die Fläche tatsächlich 800 qm groß ist, will er das Tapezieren und Streichen nicht mehr für 3.000 Euro durchführen. M fragt seinen Anwalt, ob er anfechten kann.
Lösung: Nach überwiegender Ansicht handelt es sich beim Kalkulationsirrtum um einen sog. *Motivirrtum*, der nicht zur Anfechtung berechtigt. M kann daher nicht anfechten. In Betracht kommt jedoch unter Umständen eine Vertragsanpassung oder ein Rücktritt nach § 313 BGB.

Was versteht man unter einem **Motivirrtum**? Unter einem Motivirrtum versteht man einen Irrtum im Beweggrund. Das Gewollte deckt sich zwar mit dem Erklärten, ist aber auf fehlerhafter Grundlage gebildet worden. Merkmal des Motivirrtums ist damit, dass er nicht erst bei der Abgabe der Erklärung, sondern schon bei ihrer *Bildung* unterläuft. Ein Motivirrtum berechtigt *nicht* zur Anfechtung.

Beispiel 26: Kunstsammler A sieht in einer Galerie des G das Bild „Die Sonnenblume" für 2.000 Euro. Er entschließt sich zum Kauf, weil er hofft, dass es tatsächlich 8.000 Euro wert ist. A sagt zu G: „Ich kaufe das Bild „Die Sonnenblume" für 2.000 Euro". Ein Gutachter erklärt dem A zwei Wochen später, dass es jedoch höchstens 1.000 Euro wert ist. Kann A anfechten?

Lösung: A hat erklärt, dass er das Bild für 2.000 Euro kaufen will und wollte dies auch erklären. Ein Irrtum nach § 119 I ist damit nicht gegeben. Ein Irrtum nach § 119 II würde voraussetzen, dass der A sich über eine verkehrswesentliche Eigenschaft des Bildes geirrt hat. Der Preis bzw. Wert ist jedoch keine Eigenschaft des Bildes. Eine Anfechtung nach § 119 II scheidet aus. Ursache für die Willenserklärung des A war, dass er davon ausging, das Bild sei 8.000 Euro wert. Es liegt damit ein Motivirrtum vor, der nicht zur Anfechtung berechtigt.

c) Die unrichtige Übermittlung, § 120

Der Anfechtungsgrund des § 120 setzt voraus, dass ein Übermittlungsbote eingeschaltet worden ist, der für einen anderen dessen Willenserklärung übermittelt, dies jedoch *versehentlich* unrichtig, d.h. nicht so macht, wie ihm aufgetragen worden ist. Bei § 120 irrt also nicht der Erklärende, sondern der Bote.

Beispiel 27: A sagt zu seinem zwölfjährigen Sohn S: „Sage bitte dem Bäcker, dass wir für unser Familientreffen heute Nachmittag einen Kirschkuchen, zwei Erdbeertorten und drei Schokoladentorten bestellen". S wirft alles durcheinander und bestellt eine Schokoladentorte, drei Erdbeertorten und drei Kirschkuchen.
Lösung: Der A kann die durch seinen Boten S übermittelte Erklärung nach § 120 anfechten, muss dann aber nach § 122 Schadensersatz leisten!

Voraussetzung für die Anwendbarkeit des § 120 ist, dass der Bote die Willenserklärung *versehentlich* falsch übermittelt. Gibt der Bote dagegen *bewusst* eine andere als die ihm aufgetragene Erklärung ab, gilt nicht § 120, sondern §§ 177 ff. analog.

Beispiel 28: Die A bittet ihren Mann B, er möge dem Boutiqueninhaber C mitteilen, dass sie die links unten im Schaufenster ausgestellte pinke Lederjacke für 399,- Euro kaufen möchte. Als B sich die Jacke im Schaufenster ansieht, findet er die Farbe hässlich und den Preis viel zu hoch. Deshalb sagt er zu C: „Meine Frau hat sich für die rechts oben im Schaufenster ausgestellte braune Lederjacke für 199,- Euro entschieden!" Kann die A nach § 120 anfechten?
Lösung: Eine Anfechtung nach § 120 ist nur möglich, wenn der Bote B die Erklärung seiner Frau *versehentlich* falsch übermittelt hat. B hat jedoch bewusst eine andere als die ihm aufgetragene Botschaft übermittelt. Deshalb ist der Kaufvertrag analog § 177 I schwebend unwirksam. Die A muss ihn also gar nicht anfechten. Genehmigt sie ihn, so wird er wirksam. Verweigert sie die Genehmigung, haftet B nach § 179.

Zur Stellvertretung, insbesondere zur Abgrenzung von Bote und Stellvertreter vgl. auch Lektion 4, Seite 35 ff.

d) Die arglistige Täuschung, § 123

Eine Anfechtung wegen arglistiger Täuschung nach § 123 hat folgende Voraussetzungen:

- Täuschung
- Entstehung eines Irrtums beim Vertragspartner
- Ursächlichkeit der Täuschung für die Abgabe der Erklärung
- Arglist des Täuschenden.

Die *Täuschung* erfolgt in der Regel durch Vorspiegelung oder Entstellung von Tatsachen oder durch deren Verschweigen. Infolgedessen entsteht beim Vertragspartner eine Fehlvorstellung, also ein *Irrtum.*

Beispiel 29: Beim Verkauf seines gebrauchten Golfs an B behauptet A wahrheitswidrig, der Wagen sei unfallfrei. Tatsächlich hatte der Wagen einen schweren Unfall. Hat A den B getäuscht?
Lösung: A hat eine falsche Tatsache vorgespiegelt und B dadurch getäuscht.

Beispiel 30: Beim Verkauf seines gebrauchten Golfs an B verschweigt A, dass der Wagen früher einen schweren Unfall hatte. Hat A den B getäuscht?
Lösung: Das Verschweigen von Tatsachen stellt nur dann eine Täuschung dar, wenn eine *Aufklärungspflicht* bestand. A hatte nach Treu und Glauben (§ 242) die Pflicht, den B über die frühere Beschädigung des Wagens zu informieren. Also hat er B durch sein Schweigen getäuscht.

Arglist des Täuschenden ist gegeben, wenn er weiß, dass sein Vertragspartner seine Erklärung ohne die Täuschung nicht oder mit einem anderen Inhalt abgegeben hätte.

In **Beispiel 29** und **Beispiel 30** war dem A bewusst, dass der B einen Unfallwagen entweder gar nicht oder nur zu einem niedrigeren Preis gekauft hätte.

In Klausuren und Hausarbeiten wird häufig getestet, inwieweit der **§ 123 II** bekannt ist. Danach kann, wenn ein Dritter die Täuschung verübt hat, die Erklärung nur dann angefochten werden, wenn derjenige, für den der Dritte gehandelt hat, die Täuschung kannte oder kennen musste. Als **„Dritter"** gilt jedoch nicht, wer Vertrauensperson oder Erfüllungsgehilfe (§ 278) des Erklärenden ist.

Beispiel 31: Autohändler A stellt einen gebrauchten Golf auf seinem Gelände aus. Interessent I, der sich den Golf ansieht, fragt den zufällig vorbeikommenden Passanten P, den er für einen Mitarbeiter des A hält, ob der Wagen wohl unfallfrei sei. P weiß, dass der Wagen einen Unfall hatte, will jedoch den Umsatz des A ankurbeln. Daher sagt er, I könne sicher sein, dass der Wagen unfallfrei sei. I geht nun zu A, der die Aussage des P nicht kennt und kauft den Wagen. Kann er den Kaufvertrag nach § 123 anfechten?
Lösung: P hat eine falsche Tatsache vorgespiegelt und I dadurch arglistig getäuscht. Die Anfechtung ist jedoch nach § 123 II ausgeschlossen, weil P als „Dritter" gehandelt hat und A die Täuschung des P nicht kannte und auch nicht kennen musste.

Beispiel 32: Die Täuschung in Beispiel 31 wird nicht von Passant P, sondern vom bei A angestellten Verkäufer V begangen. Kann I anfechten?
Lösung: I kann gemäß § 123 I anfechten. Die Anfechtung ist nicht durch § 123 II ausgeschlossen, da der V dem A gemäß § 278 zuzurechnen und somit nicht „Dritter" i.S.d. § 123 II ist.

e) Die widerrechtliche Drohung, § 123

Eine Anfechtung wegen widerrechtlicher Drohung nach § 123 hat folgende Voraussetzungen:

- Drohung
- Ursächlichkeit der Drohung für die Abgabe der Erklärung
- Widerrechtlichkeit
- Wille des Drohenden, den anderen zur Abgabe seiner Erklärung zu bestimmen (Vorsatz).

Unter einer *Drohung* versteht man das In-Aussicht-stellen eines empfindlichen Übels, auf das der Drohende Einfluss zu haben vorgibt. Als Übel genügt jeder Nachteil.

Beispiel 33: Der Angestellte A sagt zu seinem Chef, dem Firmeninhaber I, dass er die Bilanzfälschungen und Steuerhinterziehungen des I dem Finanzamt melden werde, wenn I ihm nicht seinen Ferrari schenke. I schließt mit A notgedrungen einen formgerechten Schenkungsvertrag.

Im Rahmen der *Widerrechtlichkeit* der Drohung ist die Rechtswidrigkeit

- des *Zwecks*
- des eingesetzten *Mittels* sowie
- der *Zweck-Mittel-Relation*

zu prüfen. Dabei kommt es darauf an, ob Zweck und Mittel jeweils für sich betrachtet zulässig waren und ob das gewählte Mittel zur Erreichung des Zwecks angemessen war (= Zweck-Mittel-Relation). Die Zweck-Mittel-Relation ist dann gegeben, wenn ein innerer Zusammenhang zwischen der angedrohten Maßnahme und dem erstrebten Erfolg besteht.

In *Beispiel 33* sind Mittel (Strafanzeige) und Zweck (I soll einen Schenkungsvertrag mit A schließen) für sich betrachtet jeweils zulässig. Jedoch besteht zwischen der Strafanzeige und dem Schenkungsvertrag kein innerer Zusammenhang, so dass die Drohung des A nicht angemessen und damit widerrechtlich ist. Der I kann daher nach § 123 I anfechten.

Beispiel 34: Nachdem der A mit einem Messer die Autoreifen des B zerstochen hat, wird er von B gestellt. B droht mit einer Strafanzeige wegen Sachbeschädigung, wenn A nicht sofort eine Erklärung unterschreibt, in der er sich verpflichtet, für den angerichteten Schaden einzustehen. Kann A seine Erklärung nach § 123 I anfechten?
Lösung: Anders als in Beispiel 33 besteht zwischen der angedrohten Strafanzeige und dem angestrebten Zweck, der Verpflichtungserklärung des A, ein innerer Zusammenhang. Also ist eine Rechtswidrigkeit der Zweck-Mittel-Relation zu verneinen. Demnach war die Drohung nicht widerrechtlich. A kann also nicht anfechten.

Zum Abschluss der Erläuterungen zu § 123 sollen nun noch kurz zwei Probleme angesprochen werden, die für Klausuren und Hausarbeiten wichtig sind:

1. Führt eine erfolgte Anfechtung nur zur Nichtigkeit des *schuldrechtlichen* Vertrags oder „schlägt" die Anfechtung auch auf das *dingliche Rechtsgeschäft* (= Eigentumsübertragung) „durch"?

Grundsätzlich führen der schuldrechtliche und der dingliche Vertrag jeweils ein „Eigenleben", sind also unabhängig voneinander, vgl. dazu Lektion 6: Das Abstraktionsprinzip, Seite 55. Eine Anfechtung schlägt jedoch ausnahmsweise immer dann auf das dingliche Rechtsgeschäft durch, wenn beide in einem einheitlichen Willensakt zusammenfallen und unter dem gleichen Mangel leiden. Es liegt dann eine sog. *Fehleridentität* vor.

Beispiel 35: A droht dem B, dass er ihn verprügeln werde, wenn er ihm nicht seine Rolex schenke. Notgedrungen schließt B mit A einen Schenkungsvertrag und übereignet die Uhr. Später erklärt B die Anfechtung gemäß § 123 wegen widerrechtlicher Drohung. Wer ist Eigentümer der Uhr?
Lösung: Ursprünglich war B Eigentümer der Uhr, hat sein Eigentum jedoch durch Übereignung nach § 929 Satz 1 an den A verloren. Allerdings hat er mit seiner Anfechtung nach § 123 nicht nur die schuldrechtliche Einigung (Schenkungsvertrag nach § 516), sondern auch die dingliche Einigungserklärung (Übereignungsvertrag nach § 929 S.1), die er ja auch nur wegen der Drohung des A zeitgleich abgegeben hatte, „zu Fall gebracht". Somit ist B wieder Eigentümer der Uhr.

2. Ein zweite wichtige Frage ist, in welchem Verhältnis das Gewährleistungsrecht zur Anfechtung steht. Wie bereits oben bei § 119 II ausgeführt, ist § 119 II *nicht* anwendbar, wenn ein Sachmangel i.S.d. § 434 gegeben ist. Der Grund hierfür ist, dass die speziellen kaufrechtlichen Gewährleistungsvorschriften, insbesondere Fristen, durch eine Anfechtung nach § 119 II umgangen werden könnten. Anders ist es jedoch mit einer Anfechtung nach § 123. Hier hat der Getäuschte bzw. Bedrohte ein Wahlrecht, ob er entweder Ansprüche aus Gewährleistungsrecht (z.B. § 437) geltend macht oder ob er den Vertrag durch Anfechtung „vernichtet". Der Grund für die unterschiedliche Behandlung von § 119 II und § 123 ist, dass jemand, der arglistig täuscht oder widerrechtlich droht, keinen Schutz verdient. Ist der Vertrag allerdings einmal durch Anfechtung „zu Fall gebracht" worden, können vertragliche Ansprüche, z.B. die Gewährleistung nach § 437, nicht mehr geltend gemacht werden, da sie ja gerade einen wirksamen Vertrag voraussetzen. Es besteht dann meist ein Anspruch aus §§ 985 ff. und aus § 812 ff.

Beispiel 36: Welche Herausgabensprüche hat B, wenn er in *Beispiel 35* die Anfechtung gemäß § 123 erklärt?
Lösung: B kann nach § 985 die Uhr herausverlangen, da er nach erfolgter Anfechtung wieder Eigentümer ist. Außerdem besteht ein Anspruch aus § 812 I 1 Alt.1, da der A die Uhr nach der Anfechtung des Schenkungsvertrags ohne rechtlichen Grund besitzt.

Daneben könnte man einen Anspruch aus § 823 I (Verletzung der Freiheit des B) in Betracht ziehen.

Beispiel 37: A täuscht arglistig den B indem er ihm einen Unfallwagen verkauft. Hat B einen Anspruch auf Rückzahlung des Kaufpreises aus § 812 I 1,1.Alt., wenn er die Anfechtung des Kaufvertrags gemäß § 123 erklärt?
Lösung: B kann nach § 812 I 1,1. Alt. den für den PKW gezahlten Kaufpreis zurückverlangen, weil der Kaufvertrag und damit der rechtliche Grund nicht mehr besteht.

Beispiel 38: A täuscht arglistig den B indem er ihm einen Unfallwagen verkauft. Hat B einen Anspruch auf Rückzahlung des Kaufpreises, wenn er *nicht* die Anfechtung gemäß § 123 erklärt?
Lösung: B kann den gewährleistungsrechtlichen Anspruch aus § 437 Nr. 2 geltend machen und zurücktreten. Dann entsteht ein sog. Rückgewährschuldverhältnis nach §§ 346 ff. infolgedessen B den für den PKW gezahlten Kaufpreis zurückverlangen kann.

2. Die Anfechtungserklärung

Nach § 143 I erfolgt die Anfechtung durch Erklärung gegenüber dem Anfechtungsgegner. Dabei muss der Anfechtende nicht ausdrücklich das Wort „Anfechtung" verwenden. Vielmehr reicht es, wenn er deutlich macht, dass er den Vertrag wegen eines Willensmangels nicht gelten lassen will.

3. Der Anfechtungsgegner

Wer der richtige Anfechtungsgegner ist, ergibt sich aus § 143 II-IV. Bei einem Vertrag ist dies z.B. nach § 143 II der Vertragspartner bzw. dessen Erbe.

4. Die Anfechtungsfrist

Für eine Anfechtung nach §§ 119, 120 gilt die **Frist** des **§ 121**. Danach muss die Anfechtung *ohne schuldhaftes Zögern* (unverzüglich) erfolgen, nachdem der Anfechtungsberechtigte von dem Anfechtungsgrund Kenntnis erlangt hat. „Unverzüglich" ist allerdings nicht gleichzusetzen mit „sofort". Vielmehr hat der Anfechtungsberechtigte das Recht, in Ruhe zu überlegen und ggf. anwaltlichen Rat einzuholen. Maximal dürfen bis zur Anfechtungserklärung jedoch nur *zwei Wochen* verstreichen. Sind seit der Abgabe der Willenserklärung mindestens 10 Jahre verstrichen, so ist eine Anfechtung nach § 121 II ausgeschlossen.

Für eine Anfechtung wegen arglistiger Täuschung oder widerrechtlicher Drohung nach § 123 gilt die **Frist** des **§ 124**. Hier muss der Anfechtungsberechtigte *innerhalb eines Jahres* die Anfechtung erklären. Die Frist beginnt gemäß § 124 II im Falle der arglistigen Täuschung mit dem Zeitpunkt, in welchem der Anfechtungsberechtigte die Täuschung entdeckt, im Falle der Drohung mit dem Zeitpunkt, in welchem die Zwangslage aufhört. Sind seit der Abgabe der Willenserklärung mindestens 10 Jahre verstrichen, so ist eine Anfechtung gemäß § 124 III ausgeschlossen.

5. Kein Ausschluss der Anfechtung

Nach § 144 I ist die Anfechtung ausgeschlossen, wenn der Anfechtungsberechtigte das Rechtsgeschäft bestätigt. Erforderlich ist ein Verhalten, das den Willen zeigt, trotz der Anfechtbarkeit an dem Rechtsgeschäft festhalten zu wollen.

Beispiel 39: A täuscht arglistig den B indem er ihm einen Unfallwagen verkauft. Als B von dem früheren Unfall erfährt, sagt er dem A, dass es ihn überhaupt nicht störe, dass der Wagen einen Unfall gehabt hat und nutzt den Wagen weiter.

Hinweis: Durch eine Anfechtung nach § 119 oder § 120 (nicht nach § 123!) macht sich der Anfechtende gemäß **§ 122 I** gegenüber dem Vertragspartner **schadensersatzpflichtig**. Dieser kann den sog. *Vertrauensschaden*, auch *negatives Interesse* genannt, ersetzt verlangen. Das bedeutet, dass der Vertragspartner so zu stellen ist, wie er stünde, wenn er von dem Rechtsgeschäft nie etwas gehört hätte. In diesem Fall hätte er meist keine *Porto-, Fahrt- und Telefonkosten* gehabt. Diese kann er daher vom Anfechtenden ersetzt verlangen. Nach oben hin ist der Ersatzanspruch allerdings auf das Erfüllungsinteresse begrenzt.

Beispiel 40: A und B schließen brieflich einen Kaufvertrag über die Gedenkmünze „50 Jahre Europa“. Als B von Köln nach München kommt, um die Münze bei A abzuholen, erklärt dieser die Anfechtung des Kaufvertrags, weil ihm ein Schreibfehler unterlaufen sei. B hätte die Münze mit 900,- Euro Gewinn weiterverkaufen können. Die Fahrt nach München und zurück hat ihn 120,- Euro gekostet. Kann B die 900,- Euro und die 120,- Euro von A nach § 122 I als Schadensersatz fordern?

Lösung: Nur die Fahrtkosten sind B im Vertrauen auf den Kaufvertrag entstanden. Der entgangene Gewinn von 900,- Euro ist hingegen kein Vertrauensschaden. Also kann B von A nur 120 Euro als Schadensersatz fordern.

▸ Literatur zu dieser Lektion

🕮 Skript **20 Standardfälle Zivilrecht für Anfänger**, Fälle 4 bis 8

🕮 Früh, **JuS** 1994, 486 ff.

Lektion 4: Die Stellvertretung

Unter Stellvertretung versteht man das Handeln im Namen und für Rechnung eines anderen gemäß §§ 164 ff. Beteiligt sind daran regelmäßig drei Personen: Der Vertretene, sein Vertreter und der Vertragspartner.

Beispiel 1: A beauftragt den B, stellvertretend für ihn eine beliebige, aber exklusive Flasche Wein zu kaufen. Nachdem B stellvertretend für A mit C den Kaufvertrag über eine Flasche „Barolo", Jahrgang 1977 geschlossen hat, verlangt C von A Zahlung des Kaufpreises in Höhe von 1.000 Euro.

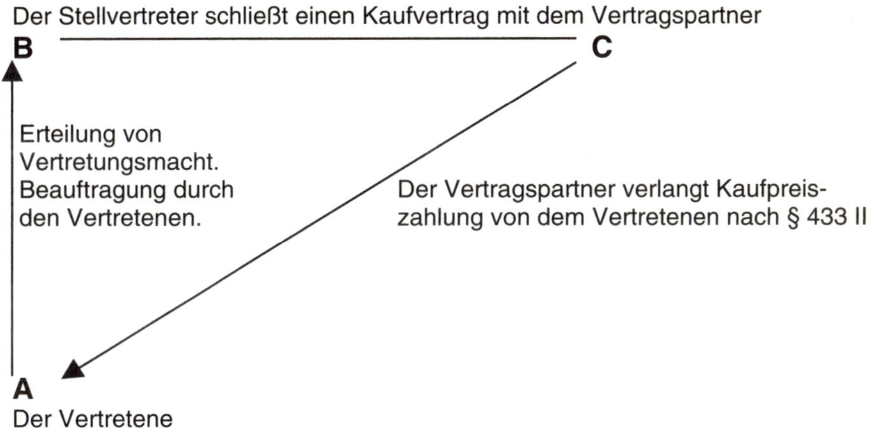

Bei der Stellvertretung sind stets *drei* Voraussetzungen zu prüfen:

1. Eigene Willenserklärung des Vertreters

2. Im Namen des Vertretenen

3. Mit Vertretungsmacht

1. Eigene Willenserklärung des Vertreters

Nicht jeder, der für einen anderen handelt, ist automatisch dessen Vertreter. Als Vertreter kann nur derjenige eingestuft werden, der einen *Entscheidungsspielraum* hinsichtlich des abzuschließenden Geschäfts besitzt. Fehlt diese Entschließungsfreiheit, dann handelt es sich nicht um einen Stellvertreter, sondern um einen *Boten*, für den § 164 nicht gilt. Der Bote übermittelt als „Sprachrohr" eine fremde Erklärung.

Stellvertreter	⇔	**Bote**
Erzeuger eigenen Willens Fasst Entschluss selbst Entschließungsfreiheit (Partner, Objekt, Preis)		Träger fremden Willens Nur Sprachrohr Keine Entschließungsfreiheit

Die Beurteilung, ob der Betreffende Stellvertreter oder Bote ist, richtet sich nach seinem *äußerem Auftreten.* Es kommt also darauf an, ob der Betreffende *erkennbar* eine *fremde* Nachricht übermittelt oder seinen *eigenen* Willen erklärt.

Beispiel 2: B kauft bei C eine Flasche „Barolo". Er sagt dabei zu C: „Der A hat mich beauftragt, für ihn in diesem Geschäft eine Flasche „Barolo Jahrgang 1977" zum Preis von 1.000 Euro zu kaufen!" Ist B Stellvertreter des A?
Lösung: Anders als in *Beispiel 1* kann B hier *erkennbar* nicht selbst entscheiden, welche Flasche zu welchem Preis er wo kauft. Damit ist er nur Bote.

2. Im Namen des Vertretenen

Nach dem sog. *Offenkundigkeitsprinzip* muss der Vertreter deutlich machen, dass er *für einen anderen* handelt. Es reicht dabei nach § 164 I 2, wenn sich für den Vertragspartner aus den Umständen ergibt, dass der Vertreter für einen anderen auftritt. Auch muss der Name des Vertretenen nicht ausdrücklich genannt werden, solange die Person des Vertretenen bestimmbar ist. Macht der Vertreter nicht deutlich, dass er für einen anderen handelt, so kommt der Vertrag nach § 164 II nicht zwischen dem Vertragspartner und dem Vertretenen, sondern zwischen dem Vertragspartner und dem Vertreter zustande. Der Vertreter schließt dann also für sich selbst ein Eigengeschäft ab.

Vom Offenkundigkeitsprinzip gibt es zwei Ausnahmen, bei denen der Vertreter *nicht* deutlich machen muss, dass er für einen anderen handelt:

- Das sog. **Geschäft für den, den es angeht**
- Das **Geschäft für den Betriebsinhaber.**

a) Unter einem **Geschäft für den, den es angeht** versteht man ein *Bargeschäft des täglichen Lebens*, das sofort abgewickelt wird und bei dem dem Verkäufer meist gleichgültig ist, mit wem er abschließt. Voraussetzung ist jedoch, dass der Vertreter innerlich gewillt ist, für den Vertretenen zu handeln.

Beispiel 3: A beauftragt den B, für ihn beim Gemüsehändler G Obst und Gemüse einzukaufen. B kauft für A ein Kilo Äpfel, 500 g Brokkoli und eine Gurke, ohne dem G deutlich zu machen, dass er für A handelt. Hat B den A nach § 164 I wirksam vertreten?

Lösung: Obwohl B nicht im Namen des A aufgetreten ist, liegt eine wirksame Stellvertretung nach § 164 I vor, da ein Geschäft für den, den es angeht gegeben ist.

b) Unter einem **Geschäft für den Betriebsinhaber** versteht man ein Geschäft, bei dem ein angestellter Mitarbeiter (meist ein Verkäufer) für den Inhaber der Firma ein Geschäft abschließt. Dabei muss der Mitarbeiter nicht offen legen, dass er für den Betriebsinhaber handelt.

Beispiel 4: A kauft von Verkäufer V im Autohaus des B einen Golf. V macht nicht deutlich, dass er stellvertretend für B handelt. Zwischen wem ist der Kaufvertrag zustande gekommen?

Lösung: Obwohl V nicht im Namen des B aufgetreten ist, liegt eine wirksame Stellvertretung vor, da ein Geschäft für den Betriebsinhaber gegeben ist. Der Vertrag ist also zwischen A und B zustande gekommen.

Abzugrenzen ist das Handeln *in* fremdem Namen vom Handeln *unter* fremdem Namen. Hierbei tritt jemand unter einem anderen Namen auf und täuscht so den Vertragspartner. Wird der Vertragspartner dabei über die *Identität* getäuscht, werden die §§ 164 ff. analog angewandt. Wird nur über den Namen getäuscht, liegt dagegen ein Eigengeschäft des Vertreters vor. Welche dieser beiden Möglichkeiten einschlägig ist, muss stets durch *Auslegung* gemäß §§ 133, 157 ermittelt werden.

Beispiel 5: Der exzentrische, aber chronisch mittellose A kauft im Teppichgeschäft des T einen Orientteppich für 50.000 Euro. Dabei gibt er sich als der Marmeladenfabrikant Z aus. Zwischen wem ist der Kaufvertrag geschlossen worden?
Lösung: Der A hat hier unter dem Namen des Z gehandelt. Durch Auslegung gemäß §§ 133, 157 ist zu ermitteln, ob eine Namens- oder eine Identitätstäuschung gegeben ist. Dabei ist zu fragen, ob dem T der Name seines Vertragspartners so wichtig war, dass er nur mit diesem den Kaufvertrag schließen wollte. Da hier kein Bargeschäft des täglichen Lebens vorliegt, war es dem T wichtig, den Kaufvertrag nur mit einem solventen Geschäftspartner zu schließen. Also liegt eine Identitätstäuschung des A vor. Das hat zur Folge, dass die §§ 164 ff. analog angewendet werden. Der Kaufvertrag ist zunächst schwebend unwirksam. Der Z kann ihn aber nach § 177 I genehmigen. Tut er dies, kommt der Vertrag zwischen ihm und T zustande. Tut er dies nicht, so haftet der A dem T nach § 179.

Beispiel 6: X bucht bei Hotelier H ein Hotelzimmer und antwortet auf die Frage nach seinem Namen mit „Bond, James Bond!“. Zwischen wem ist der Beherbergungsvertrag geschlossen worden? Zwischen H - X oder H - James Bond?
Lösung: Der X hat hier unter dem Namen des B gehandelt. Durch Auslegung gemäß §§ 133, 157 ist zu ermitteln, ob eine Namens- oder eine Identitätstäuschung gegeben ist. Dabei ist zu fragen, ob dem H der Name seines Vertragspartners so wichtig war, dass er nur mit diesem den Beherbergungsvertrag schließen wollte. Beim Abschluss eines Beherbergungsvertrags ist dem Hotelier im Regelfall jedoch die Identität seines Vertragspartners gleichgültig. Auch hat die Nennung des Namens „James Bond“ bei H nicht zu einer Fehlvorstellung über die Identität des X geführt. Somit liegt eine Namenstäuschung des X vor. Also ist ein Eigengeschäft des X gegeben. Der Vertrag ist damit zwischen X und H geschlossen worden.

3. Die Vertretungsmacht

Die Vertretungsmacht ist in Klausuren und Hausarbeiten meist der problematischste und umfangreichste Prüfungspunkt. Hier ist folgendes zu untersuchen:

- Woraus leitet der Vertreter seine Vertretungsmacht her?
- Ist diese wirksam entstanden, ist sie ggf. erloschen?
- Wurde von ihr im Rahmen des Zulässigen Gebrauch gemacht?
- Was geschieht, wenn sie unwirksam war oder ganz fehlt?

Wenden wir uns nun der Frage zu, woraus die Vertretungsmacht hergeleitet werden kann. Zu unterscheiden sind hier drei mögliche Quellen:

- das Gesetz,
- die Vollmachterteilung durch Rechtsgeschäft und
- der Rechtsschein.

Gesetzlich geregelt ist die Vertretungsmacht

- der Eltern für ihr Kind in § 1629
- des Vormunds für den Mündel in § 1793
- des Pflegers in § 1909
- des Betreuers in §§ 1902, 1903
- des Organs einer jur. Person, z.B. Vorstand in § 26 II.

Wie *entsteht* eine **rechtsgeschäftliche Vollmacht**? Dies erfolgt durch

- Erklärung gegenüber dem zu Bevollmächtigenden (= Innenvollmacht, § 167 I BGB) oder durch
- Erklärung gegenüber dem Vertragspartner (= Außenvollmacht, § 167 I BGB) oder durch
- Öffentliche Bekanntmachung (Außenvollmacht, §§ 171, 167 I BGB).

Eine besondere *Form* ist gemäß § 167 II für die Vollmachtserteilung nicht erforderlich. Also kann eine Vollmacht grds. auch *mündlich* erteilt werden.

Wie *erlischt* die Vollmacht? Dazu muss der Widerruf erklärt werden

- gegenüber dem zu Bevollmächtigenden, sofern eine Innenvollmacht vorliegt, § 168 Satz 3, § 167 I.
- gegenüber dem Vertragspartner, sofern eine Außenvollmacht vorliegt, § 168 Satz 3, § 167 I.

Außerdem erlischt nach § 168 Satz 1 die Vollmacht, wenn das zugrunde liegende Grundverhältnis beendet wird. Dies ist in der Regel ein Arbeitsvertrag gemäß §§ 611 ff., ein Auftrag, § 662 (= unentgeltlich) oder ein Geschäftsbesorgungsvertrag, § 675 (= entgeltlich).

Beispiel 7: A ist Angestellter des Firmeninhabers I. I sagt zu A: „Ich erteile Ihnen Vollmacht, eigenverantwortlich alles, was mit dem Einkauf zu tun hat, für mich durchzuführen!“ Einen Tag später kündigt der I den Arbeitsvertrag des A fristlos. A kauft trotzdem noch 1 Tonne Roheisen von Lieferant L. Weil der Preis überhöht war, will der I den Kaufpreis nicht zahlen. Kann L von I Zahlung des Kaufpreises verlangen?

Lösung: L kann von I nach § 433 II Kaufpreiszahlung fordern, wenn zwischen ihm und I ein Kaufvertrag zustande gekommen ist. Den Kaufvertrag könnte der A stellvertretend für I gemäß § 164 I mit L geschlossen haben. Fraglich ist, ob A Vertretungsmacht hatte. Ursprünglich hatte der I ihm eine *Innenvollmacht* erteilt. Diese ist jedoch gemäß § 168 Satz 1 mit Beendigung des Grundverhältnisses (Kündigung des Arbeitsvertrags) erloschen. Mangels Vertretungsmacht des A war der Kaufvertrag nach § 177 I schwebend unwirksam. I hat die Genehmigung konkludent verweigert. Mangels Kaufvertrags kann L von I daher nicht Zahlung des Kaufpreises aus § 433 II fordern.

Beispiel 8: A schließt mit dem Architekten B einen Vertrag, wonach B sich verpflichtet, als Baubetreuer für das im Bau befindliche Haus des A die Durchführung, Beaufsichtigung und Überwachung des Baus sicherzustellen (Baubetreuungsvertrag). Gleichzeitig erteilt A am 18.05. dem B eine Innenvollmacht für den Abschluss aller notwendigen Rechtsgeschäfte. B schließt am 20.05. einen Werkvertrag mit Handwerker H. H erledigt die Arbeiten am Haus des A und verlangt am 30.05. von A Zahlung der Vergütung aus § 631 I. Hat der H einen Anspruch, wenn
a) der A den Baubetreuungsvertrag mit B schon am 19.05. gekündigt hatte?
b) der A schon am 19.05. unbemerkt verstorben war?

Lösung: H kann von A bzw. dessen Erben nach § 631 I die Vergütung fordern, wenn zwischen ihm und A ein Werkvertrag zustande gekommen ist. Den Werkvertrag könnte der B stellvertretend für A gemäß § 164 I mit H geschlossen haben. Fraglich ist, ob B Vertretungsmacht hatte. Ursprünglich hatte der A ihm eine *Innenvollmacht* erteilt.
In **Fall a)** ist diese gemäß § 168 S.1 jedoch durch Kündigung des Baubetreuungsvertrags (= Geschäftsbesorgungsvertrag, § 675) am 19.05. erloschen, so dass B am 20.05. (z. Zt. des Abschlusses des Werkvertrags mit H) ohne Vertretungsmacht gehandelt hat. Wenn A in Fall a) nicht nach § 177 I genehmigt, hat H gegen A keinen Anspruch aus § 631 I. H muss sich dann an B wenden (§ 179).
In **Fall b)** bleibt der Geschäftsbesorgungsvertrag trotz Todes des Auftraggebers A am 19.05. gemäß §§ 672, 675 bestehen, so dass der B am 20.05. mit Vertretungsmacht gehandelt hat. Also kann H von den Erben des A Zahlung des Werklohns aus § 631 I fordern.

Hinweis: Stirbt nicht der *Auftraggeber*, sondern der *Beauftragte*, so erlischt nach § 673 regelmäßig der Auftrag.

Wie wirkt sich die Nichtigkeit des Grundgeschäfts (Auftrag, § 662, Geschäftsbesorgungsvertrag, § 675) auf die Vollmacht aus? Die Vollmacht ist nach dem *Abstraktionsprinzip* grundsätzlich unabhängig vom Grundgeschäft. Die Nichtigkeit des Grundgeschäfts (z.B. nach erfolgter Anfechtung gemäß § 119 ff.) lässt daher die Wirksamkeit der Vollmacht grundsätzlich unberührt. Wie oben dargestellt, erlischt die Vollmacht jedoch nach § 168 Satz 1 mit *Beendigung des Grundgeschäfts* wegen Kündigung, Zeitablauf oder Rücktritt.

Vollmachten können weiter unterteilt werden:

- Nach dem **Umfang**: Dem Stellvertreter kann Vollmacht für alle Angelegenheiten des Vollmachtgebers erteilt werden. Beispiel hierfür ist die Prokura nach § 49 HGB: Die Prokura ermächtigt zu allen Arten von gerichtlichen und außergerichtlichen Geschäften und Rechtshandlungen, die der Betrieb eines Handelsgewerbes mit sich bringt. Deutlich geringer ist dagegen z.B. der Umfang der Handlungsvollmacht nach § 54 HGB.
- Nach der Zahl der Bevollmächtigten in **Einzel- und Gesamtvollmacht**
- Nach der Person des Vollmachtgebers in **Haupt- und Untervollmacht.**

Beispiel 9: In Fall 8 erteilt A dem B Vollmacht. Der Hauptbevollmächtigte B wiederum erteilt dem Gelegenheitsarbeiter G eine Untervollmacht. Danach soll G berechtigt sein, mit Handwerkern Verträge bis zu 20.000 Euro selbständig abzuschließen. G schließt mit Handwerker H einen Werkvertrag. H fordert nun von A Zahlung von 19.900 Euro. A weigert sich, weil er den Gelegenheitsarbeiter G nicht bevollmächtigt habe. Zu Recht?

Lösung: H kann von A nach § 631 I die Vergütung fordern, wenn zwischen ihm und A ein Werkvertrag zustande gekommen ist. Den Werkvertrag könnte der Unterbevollmächtigte G stellvertretend für A gemäß § 164 I mit H geschlossen haben. G müsste Vertretungsmacht gehabt haben. G ist von B bevollmächtigt worden. Fraglich ist aber, ob der B den G bevollmächtigen durfte. Dies ist durch Auslegung zu ermitteln. Entscheidend ist dabei, ob der A ein erkennbares Interesse daran hatte, dass ausschließlich der B als sein Stellvertreter handelte. Dabei ist davon auszugehen, dass A nicht damit einverstanden war, dass ein Gelegenheitsarbeiter für ihn Verträge über größere Summen abschloss. Also war die Unterbevollmächtigung durch B unwirksam. Demnach hat G ohne Vertretungsmacht gehandelt. Die Genehmigung des von G mit H geschlossenen, zunächst schwebend unwirksamen Vertrags nach § 177 I hat der A verweigert. Also kann H nicht von A Zahlung der Werklohns aus § 631 I verlangen.

Nachdem nun zwei mögliche Quellen für eine Vertretungsmacht dargestellt worden sind (Gesetz und Vollmacht), wird nun die dritte der drei möglichen Quellen, nämlich der **Rechtsschein** behandelt. Hierbei liegt entweder überhaupt keine Vollmachtserteilung vor oder diese wurde widerrufen. Der Vertretene hat dabei aber durch sein Verhalten bei seinem Vertragspartner den Schein erweckt, er habe den Vertreter (immer noch) bevollmächtigt. Deshalb muss er sich so behandeln lassen, als habe er den Vertreter tatsächlich bevollmächtigt.

Eine gesetzliche Regelung ist in § 170 bis § 173 für den Fall getroffen, dass einem Vertreter durch Mitteilung an den Vertragspartner eine Außenvollmacht erteilt wird, deren Erlöschen aber später dem Vertragspartner nicht mitgeteilt wird. Rechtsfolge ist, dass der Vertreter solange als bevollmächtigt gilt, bis das Erlöschen der Vollmacht dem Vertragspartner angezeigt wird.

Beispiel 10: A sagt dem Vertragspartner B, dass er seinen Angestellten C bevollmächtigt habe. Kurz darauf sagt A zu C, er widerrufe die Bevollmächtigung. Dem Vertragspartner B sagt der A nichts davon. Vertreter C kauft nun von B eine Tonne Roheisen und schließt einen Kaufvertrag. Kann B von A Kaufpreiszahlung verlangen?

Lösung: B kann von A nach § 433 II den Kaufpreis fordern, wenn zwischen ihm und A ein Kaufvertrag geschlossen wurde. C hat den A nach § 164 I vertreten. Die Vertretung war aber nur wirksam, wenn er auch Vertretungsmacht gehabt hat. A hat die Vollmacht gegenüber dem C nach § 168 Satz 2 widerrufen. Da es sich um eine Außenvollmacht handelte und A deren Erlöschen dem B nicht mitgeteilt hat, gilt diese nach § 170 aber weiter. C hatte also Vertretungsmacht. Der Kaufvertrag ist also wirksam. B kann daher von A Kaufpreiszahlung aus § 433 II fordern.

Gesetzlich nicht geregelt ist die in Klausuren und Hausarbeiten häufig vorkommende sog. **Duldungs- und Anscheinsvollmacht**. Bei dieser wird der Rechtsgedanke der §§ 170 ff. übernommen. Der Sinn und Zweck der §§ 170 ff. ist, denjenigen, der auf das Bestehen einer Vollmacht vertraut, zu schützen. Dementsprechend muss sich der Vertretene so behandeln lassen, als habe er den (in Wirklichkeit nicht bevollmächtigten) Vertreter bevollmächtigt. Kommt man in einer Klausur oder Hausarbeit zu dem Ergebnis, dass eine Vollmacht nicht erteilt wurde, so sollte anschließend geprüft werden, ob eine Anscheins- oder Duldungsvollmacht gegeben ist.

Die *Anscheinsvollmacht* hat folgende Voraussetzungen:

- Der Nichtbevollmächtigte tritt wiederholt für den Vertretenen als Vertreter auf.
- Der Vertretene hätte dies bei *pflichtgemäßer Sorgfalt erkennen* und *verhindern* können.
- Der Vertragspartner vertraut gutgläubig auf den Rechtsschein (d.h. auf die Vertretungsmacht des Vertreters).

Die *Duldungsvollmacht* hat folgende Voraussetzungen:

- Der Nichtbevollmächtigte tritt wiederholt für den Vertretenen als Vertreter auf.
- Der Vertretene *kennt und duldet* das Auftreten des Vertreters.
- Der Vertragspartner vertraut gutgläubig auf den Rechtsschein (d.h. auf die Vertretungsmacht des Vertreters).

Beispiel 11: Graf Cox (C) hat seit längerem bemerkt, dass sein Gärtner G bei Feinkosthändler F stellvertretend für ihn Lebensmittel einkauft. Da G bei der Auswahl immer einen guten Geschmack bewiesen hat, lässt er G stillschweigend gewähren. Als G dann aber das gesamte Küchenpersonal für 2.000 Euro mit Champagner versorgt, weigert sich C, die Rechnung des F zu bezahlen. Zu Recht?
Lösung: F kann von C nach § 433 II den Kaufpreis fordern, wenn zwischen ihm und C ein Kaufvertrag geschlossen wurde. G hat den C nach § 164 I vertreten. Die Vertretung war aber nur wirksam, wenn er auch Vertretungsmacht gehabt hat. C hatte den G nicht zum Einkaufen bevollmächtigt, hat jedoch sein Auftreten gekannt und geduldet und F hat auf den Rechtsschein vertraut. Damit liegt eine Duldungsvollmacht vor. Zwischen C und F ist also ein Kaufvertrag zustande gekommen. Diesen kann C auch nicht durch Anfechtung (§§ 119 ff.) vernichten, weil ein einmal gesetzter Rechtsschein nicht rückwirkend vernichtet werden kann.

Ein gesetzlich geregelter Fall der Anscheinsvollmacht ist die Vertretungsmacht des *Ladenangestellten* nach **§ 56 HGB**. Bei einem Ladenangestellten darf der Käufer gutgläubig darauf vertrauen, dass dieser zu den gewöhnlich in einem solchen Laden abgewickelten Rechtsgeschäften wie z.B. Verkauf, bevollmächtigt ist.

Nachdem oben die Frage, aus welchen Quellen eine Vertretungsmacht hergeleitet werden kann, beantwortet worden ist, wird jetzt dargestellt, wann sich das Gebrauchmachen von einer Vertretungsmacht in den **Grenzen des Zulässigen** hält.

Grenzen werden gesetzt

- durch das Gesetz
- durch eine Vereinbarung mit dem Vollmachtgeber.

Das **Gesetz** lässt eine Stellvertretung in folgenden Fällen nicht zu:

- Eltern können ihr Kind in den Fällen der §§ **1643 I**, 1821, 1822 und **1629 II**, 1795 nicht vertreten
- Der Vormund kann den Mündel nach § 1795 in bestimmten Fällen nicht vertreten

- Der Betreuer kann den Betreuten nach §§ 1908i, 1795, 1821, 1822 in bestimmten Fällen nicht vertreten
- Ein Vertreter kann nach § 181 grundsätzlich nicht mit sich selbst einen Vertrag schließen.

Das sog. **Insichgeschäft** nach **§ 181** ist häufig in Klausuren und Hausarbeiten zu erörtern und wird deshalb ausführlicher dargestellt. *Verboten* ist nach § 181 grundsätzlich das Kontrahieren mit sich selbst im eigenen Namen oder als Vertreter eines Dritten. Der Grund hierfür ist, dass durch Mitwirkung derselben Person auf beiden Seiten des Vertrags die Gefahr eines *Interessenkonflikts* und damit die Gefahr einer Schädigung des anderen besteht. Deshalb sind Verträge, die gegen § 181 verstoßen, *schwebend unwirksam.*

Beispiel 12: A beauftragt den B, für ihn einen PKW bis 10.000 Euro zu kaufen. B sieht eine günstige Gelegenheit, seinen alten Golf loszuwerden. Er schließt daher mit sich selbst als Vertreter des A einen Kaufvertrag. Als Kaufpreis für seinen Golf, der eigentlich nur 2.000 Euro wert ist, vereinbart B mit sich 9.000 Euro. A ist entsetzt und weigert sich, den Kaufpreis zu zahlen. Zu Recht?

Lösung: B kann von A nach § 433 II den Kaufpreis fordern, wenn zwischen ihm und A ein Kaufvertrag geschlossen wurde. B hat den A nach § 164 I vertreten. Die Vertretung war aber nur wirksam, wenn B auch Vertretungsmacht gehabt hat. Nach § 181 durfte B jedoch mit sich selbst keinen Vertrag schließen. Der Vertrag war schwebend unwirksam, eine Genehmigung nach § 177 I hat A verweigert. Mangels Kaufvertrags kann B nicht Kaufpreiszahlung aus § 433 II fordern.

Über seinen Wortlaut hinaus ist § 181 auch in den Fällen anwendbar, in denen wirtschaftlich gesehen auf beiden Seiten die gleiche Person steht.

Beispiel 13: In Beispiel 12 soll nicht direkt auffallen, dass B mit sich selbst kontrahiert. Deshalb schließt B den Kaufvertrag nicht mit sich selbst, sondern bestellt den C zu seinem Vertreter. C gibt im Namen des B ein Angebot auf Abschluss des Kaufvertrags ab, B nimmt dies als Stellvertreter des A an. Greift § 181 ein?

Lösung: Obwohl der B das Rechtsgeschäft nicht mit sich selbst vorgenommen hat, greift § 181 ein, da wirtschaftlich gesehen der B mit sich selbst kontrahiert hat.

Erlaubt ist nach § 181 das Selbstkontrahieren dann, wenn eine der geschriebenen oder ungeschriebenen Ausnahmen vorliegt:

- Das Rechtsgeschäft ist durch Gesetz oder aufgrund einer Vereinbarung mit dem Vertretenen *gestattet.*
- Das Rechtsgeschäft besteht ausschließlich in der *Erfüllung einer Verbindlichkeit.* Diese Ausnahme greift immer dann ein, wenn die durch einen Kauf- oder Schenkungsvertrag entstandene Verpflichtung des Verkäufers bzw. Schenkers auf Übereignung der Sache (z.B. § 433 I) durch Übereignung an den Käufer bzw. Beschenkten erfüllt wird.
- Das Rechtsgeschäft ist für den Vertretenen *lediglich rechtlich vorteilhaft* (= ungeschriebene Ausnahme). Da § 181 Interessenkonflikte verhindern soll, wird er ausnahmsweise dann nicht angewandt, wenn diese – wegen des rechtlichen Vorteils - nicht zu befürchten sind, sog. *teleologische Reduktion.*

Beispiel 14: Die Eltern E schließen mit sich selbst als Vertreter ihres 16-jährigen Sohnes S einen formgerechten Schenkungsvertrag über einen wertvollen Orientteppich. Ist der Schenkungsvertrag wirksam?

Lösung: Die Eltern konnten nach §§ 1629 II 1, 1795 II, 181 grundsätzlich mit sich selbst als Vertreter ihres Sohnes keinen Schenkungsvertrag schließen. Jedoch gilt als ungeschriebene Ausnahme, dass § 181 nicht anwendbar ist, wenn das Rechtsgeschäft für den Vertretenen lediglich rechtlich vorteilhaft ist. Durch den Schenkungsvertrag gemäß §§ 516, 518 erwarb der S das Recht, von seinen Eltern Übereignung des Teppichs zu verlangen. Also war der Schenkungsvertrag rechtlich vorteilhaft. Demnach greift § 181 nicht ein. Folglich konnten die Eltern mit sich selbst kontrahieren. Somit ist der Schenkungsvertrag wirksam.

Hinweis: Zur sog. Gesamtbetrachtung von dinglichem und schuldrechtlichem Geschäft vgl. Fall 7 des Skripts **20 Standardfälle Zivilrecht für Anfänger.**

Nicht nur das Gesetz, auch der Vertretene (= Vollmachtgeber) kann durch entsprechende Vereinbarung mit dem Vertreter Grenzen setzen und dessen Handlungsspielraum beschränken. Wenn der Vertreter dann seinen Handlungsspielraum überschreitet, ist der Vertrag grds. nach § 177 I schwebend unwirksam.

Beispiel 15: A sagt zu B: „Ich bevollmächtige dich, einen PKW für bis zu 10.000 Euro zu kaufen!“. B kauft von V einen Wagen für 15.000 Euro. Ist der Kaufvertrag wirksam?

Lösung: Wird die Vollmacht überschritten, ist der Vertrag schwebend unwirksam. Der A kann also den Kaufvertrag nach § 177 I genehmigen oder die Genehmigung verweigern. Verweigert er, so kann der V den Kaufpreis gemäß § 179 I evtl. von B verlangen.

Hält sich der Vertreter an die Grenzen seiner Außenvollmacht, überschreitet dabei aber die Grenzen einer Innenvereinbarung, so führt dies nicht zur Unwirksamkeit des geschlossenen Vertrags. Vielmehr ist der Vertrag wirksam. Im Innenverhältnis besteht ein Schadensersatzanspruch des Vertretenen gegen den Vertreter.

Beispiel 16: A sagt zu Autohändler V: „Der B ist bevollmächtigt, für mich einen Wagen für bis zu 20.000 Euro zu kaufen!". Später scheint ihm diese Summe zu hoch. Daher sagt er zu B: „Du darfst für maximal 10.000 Euro einen Wagen kaufen!". B kauft von V einen Wagen für 15.000 Euro. Ist der Kaufvertrag wirksam?
Lösung: Der B hat mit einem Kaufpreis von 15.000 Euro nur die Innenvereinbarung überschritten. Gegenüber V hatte A den B ja dazu bevollmächtigt, einen Wagen für bis zu 20.000 Euro zu kaufen (Außenvollmacht). Damit ist der Kaufvertrag wirksam. Im Innenverhältnis kann A von B Schadensersatz verlangen.

Ausdrücklich findet sich diese Regelung in § 50 I HGB. Danach kann der Geschäftsinhaber mit dem Prokuristen zwar eine Vereinbarung treffen, nach der die Prokura auf bestimmte Geschäfte beschränkt sein soll. Jedoch müssen Geschäftspartner sich diese (nur interne) Beschränkung nach § 50 I HGB nicht entgegenhalten lassen.

Bekannt sein sollten auch die Fälle des *Missbrauchs* der Vollmacht. Hier gibt es zwei Fallgruppen:

- Der Vertreter und der Vertragspartner wirken einverständlich zum Zwecke der Schädigung des Vertretenen zusammen, sog. *Kollusion.*
- Der Vertreter überschreitet bewusst seine Vollmacht und der Vertragspartner kennt die Überschreitung oder muss sie kennen, weil dies *evident* ist.

Beispiel 17: A beauftragt B, für ihn einen Wagen zu kaufen. B bemerkt, dass der vom Verkäufer V angebotene PKW Mängel hat, lässt sich aber dazu überreden, den Wagen trotzdem zu kaufen, da V ihm 500,- Euro „Provision" verspricht. B und V schließen einen Kaufvertrag und schlagen die 500,- Euro Provision auf den Kaufpreis auf. Ist der Kaufvertrag wirksam?
Lösung: B hat hier seine Vertretungsmacht aufgrund des kollusiven Zusammenwirkens mit V missbraucht, so dass der Kaufvertrag gemäß § 138 I nichtig ist.

Nachfolgend geht es um die Frage, wie es sich auswirkt, wenn ein **Vertreter ohne Vertretungsmacht** handelt. Ursachen für das Fehlen der Vertretungsmacht können sein, dass sie nicht oder nicht wirksam erteilt war oder durch Anfechtung oder Widerruf erloschen ist. Nach **§ 177 I** kann der Vertretene bei fehlender Vertretungsmacht entweder den vom Vertreter geschlossenen Vertrag genehmigen oder die Genehmigung verweigern. Genehmigt der Vertretene, so ist der Vertreter „aus dem Schneider". Verweigert er aber die Genehmigung, hat der Vertreter den von ihm geschlossenen Vertrag möglicherweise selbst „am Hals". Nach § 179 I hat dann nämlich der Vertragspartner einen eigenen Anspruch gegen den Vertreter. Er kann grundsätzlich wählen, ob der Vertrag wie geplant erfüllt werden soll oder ob er Schadensersatz verlangt.

Auch § 179 II gibt dem Vertragspartner einen Anspruch, kann also in einer Klausur als Anspruchsgrundlage herangezogen werden. Anwendbar ist § 179 II, wenn der Vertreter „Gnade verdient", weil er den Mangel seiner Vertretungsmacht *nicht gekannt* hat. Der Unterschied zwischen § 179 I und § 179 II liegt vor allem in dem unterschiedlichen Ersatz des Schadens:

- § 179 I ersetzt den **Nichterfüllungsschaden,** sog. *positives Interesse*. Der Vertragspartner ist also finanziell so zu stellen, wie er stünde, wenn der Vertrag ordnungsgemäß zustande gekommen wäre. Damit ist ihm auch entgangener Gewinn zu ersetzen.
- § 179 II ersetzt den **Vertrauensschaden**, *sog. negatives Interesse.* Der Vertragspartner kann verlangen, so gestellt zu werden, als hätte er von dem Rechtsgeschäft nie etwas gehört. In diesem Fall hätte er keine Fahrt-, Telefon-, und Portokosten gehabt. Diese sind daher regelmäßig zu ersetzen. Der Schadensersatz nach § 179 II ist damit identisch mit dem aufgrund einer Anfechtung nach §§ 119, 120 entstehenden Schadensersatzanspruch aus § 122 I.

Die Vorschrift des § 179 beruht auf dem Gedanken, dass der Vertreter ohne Vertretungsmacht *Vertrauen* in Anspruch genommen und enttäuscht hat. Allerdings fehlt es an einem solchen Vertrauenstatbestand, wenn der Vertragspartner den Mangel der Vertretungsmacht gekannt hat oder kennen musste. Deshalb ist der Anspruch in diesem Fall nach § 179 III Satz 1 ausgeschlossen. Das Gleiche gilt nach § 179 III Satz 2 grundsätzlich für einen Vertreter, der in der Geschäftsfähigkeit beschränkt war.

▸ **Literatur zu dieser Lektion**

📖 Skript **20 Standardfälle Zivilrecht für Anfänger**, Fälle 9 bis 13

📖 Früh, **JuS** 1994, 36 ff.

📖 Schwintowski, **JA** 1991, Ü 159 (gelbe Seiten) (20 Übungsfragen)

Lektion 5: Eigentum und Besitz

In dieser Lektion wird erklärt

- was man unter Eigentum und Besitz versteht
- wie man Eigentum und Besitz erwirbt.

Das **Eigentum** ist das umfassendste und grundsätzlich unbeschränkte Herrschaftsrecht an einer Sache. Nach **§ 903** kann der Eigentümer mit seiner Sache grundsätzlich nach Belieben verfahren und andere von jeder Einwirkung ausschließen.

Der **Besitz** ist demgegenüber die vom Verkehr anerkannte *tatsächliche Herrschaft* einer Person über eine Sache. Nach **§ 854 I** erwirbt man den Besitz durch Erlangung der tatsächlichen Gewalt über die Sache. Demnach unterscheiden sich Eigentum und Besitz dadurch, dass das Eigentum ein *Rechts*verhältnis darstellt, während es beim Besitz nur auf das (meist sichtbare) *tatsächliche Besitzen* ankommt.

Beispiel 1: Radsportler „Jan" (J) kauft sich beim Fahrradhändler F am 01.01.02 ein neues Rennrad und lässt es sich um 12 Uhr übereignen. Dann nimmt er es mit nach Hause. Dort wird es ihm am 03.01.02 vom Dieb D gestohlen. Wer ist Eigentümer, wer ist Besitzer des Rades?

01.01.02: bis 12 Uhr war Fahrradhändler F Eigentümer und Besitzer des Rades.
01.01.02: ab 12 Uhr ist J Eigentümer und Besitzer des Rades geworden.
03.01.02: Dieb D übt die tatsächliche Gewalt über das Rad aus und ist Besitzer. Eigentümer ist aber weiter der J. Würde es irgendwo gefunden, könnte J es zurückverlangen. Ihm „gehört" das Rad also weiterhin.

Beispiel 2: A leiht seinem Freund B für eine Radtour sein Fahrrad. Wer ist Eigentümer, wer (unmittelbarer) Besitzer?
Lösung: B übt während der Radtour die tatsächliche Gewalt über das Fahrrad nach § 854 I aus und ist also Besitzer. Trotzdem gehört das Rad weiter dem A, so dass dieser Eigentümer des Rades ist.

Der Besitz und das Eigentum beziehen sich ausschließlich auf **„Sachen"**. Was darunter zu verstehen ist, kann man in §§ 90 ff. nachlesen. Nach **§ 90** sind Sachen nur *körperliche Gegenstände*.

Keine Sachen sind damit solche Dinge, die man nicht anfassen kann oder die nicht abgrenzbar sind, z.B. die freie Luft, das Licht oder das Grundwasser. Tiere sind nach § 90 a zwar keine Sachen, jedoch werden die für Sachen geltenden Vorschriften auf sie entsprechend angewendet. Das bedeutet, dass es sachenrechtlich keinen Unterschied macht, ob das Eigentum z.B. an einem Zementsack oder an einem Pferd übertragen wird.

Wie **erwirbt** man Eigentum und Besitz? Wie bereits oben dargelegt, erwirbt man den *Besitz* nach § 854 I durch Erlangung der tatsächlichen Gewalt über die Sache. Erforderlich ist dazu eine *räumliche Herrschaftsbeziehung* zur Sache, die von gewisser *Dauer* ist. Außerdem muss der Besitzer auch den *Willen* haben, die tatsächliche Sachherrschaft auszuüben. Bildhaft kann man sich zum Begriff „Besitz" jemanden vorstellen, der auf seinem Grundstück sitzt und damit allen übrigen demonstriert, dass er es im wahrsten Sinne des Wortes „be-sitzt".

Bei der Frage, wie der *Erwerb des Eigentums* erfolgt, muss unterschieden werden zwischen

- beweglichen Sachen (z.B. Schuh, Buch, Schrank) und
- unbeweglichen Sachen (= Grundstücken).

I. Das Eigentum an einer *beweglichen* Sache wird erworben durch Übereignung nach **§ 929 Satz 1**, wenn folgende Voraussetzungen vorliegen:

1. Einigung
2. Übergabe
3. Einigsein
4. Berechtigung

Diese vier Voraussetzungen sollte man „im Schlaf" herunterbeten können, weil man sie jedes Mal benötigt, wenn man einen Eigentumserwerb prüft.

1. Die Einigung

Der Eigentümer und der Erwerber müssen sich darüber einigen, dass das Eigentum auf den Erwerber übergehen soll. Der Eigentümer sagt (meist konkludent) zum Erwerber: „Willst du das Eigentum an dieser Sache erwerben?".

Der Erwerber sagt (meist konkludent): „Ja, will ich!". Beide schließen damit zusätzlich zum *schuldrechtlichen* Vertrag (meist ein Kaufvertrag nach § 433 oder Schenkungsvertrag nach § 516) einen zweiten, nämlich den sog. *dinglichen Vertrag*. Zum Abstraktionsprinzip vgl. Lektion 6, Seite 55.

Für diesen Vertrag gelten die gleichen Regeln wie für den schuldrechtlichen Vertrag: Die Einigung kommt zustande durch Angebot und Annahme nach §§ 145 ff., sie kann nach §§ 104, 107, 138 oder nach einer erfolgten Anfechtung gemäß § 142 I unwirksam sein.

Beispiel 3: Der 16-jährige A verkauft und übereignet ohne Wissen seiner Eltern sein Fahrrad an den volljährigen B. Wer ist Eigentümer des Fahrrads, wenn die Eltern damit nicht einverstanden sind?
Lösung: Ursprünglich war der A Eigentümer des Fahrrads. Er könnte das Eigentum aber durch Übereignung an den B verloren haben. [**Hinweis:** Einen schweren Fehler begeht, wer an dieser Stelle schreibt, dass der B durch den *Kauf* des Fahrrads dessen Eigentümer geworden sein könnte. Eigentum erwirbt man niemals durch einen Kaufvertrag, sondern immer nur durch Übereignung nach §§ 929 ff.!]
Dann müsste sich A und B wirksam über den Übergang des Eigentums nach § 929 Satz 1 geeinigt haben. Da der minderjährige A ohne die Einwilligung seiner Eltern gehandelt hat, ist seine Willenserklärung nur wirksam, wenn sie für ihn nach § 107 lediglich rechtlich vorteilhaft war oder die Eltern genehmigt haben. A verliert durch die Übereignung das Eigentum am Fahrrad, so dass diese für ihn rechtlich nachteilig ist. Die Eltern haben auch nicht genehmigt. Mangels wirksamer Einigung hat A dem B das Fahrrad nicht wirksam übereignet. Eigentümer ist damit weiterhin der A.

Beispiel 4: Der volljährige B verkauft und übereignet dem minderjährigen A sein Fahrrad. Wer ist Eigentümer?
Lösung: Ursprünglich war der B Eigentümer des Fahrrads. Er könnte das Eigentum aber durch Übereignung an den A verloren haben. A und B müssten sich nach § 929 Satz 1 geeinigt haben. Da der minderjährige A ohne die Einwilligung seiner Eltern gehandelt hat, ist seine Willenserklärung nur wirksam, wenn sie für ihn nach § 107 lediglich rechtlich vorteilhaft war. Der Erwerb des Eigentums war für A lediglich rechtlich vorteilhaft. Der Wirksamkeit seiner Willenserklärung stand also § 107 nicht entgegen. Somit ist A Eigentümer des Fahrrads geworden.

Beispiel 5: Der völlig betrunkene B bietet dem C an, sein Fahrrad zu übereignen. C nimmt das Angebot an und fährt mit dem Rad davon. Wer ist Eigentümer?
Lösung: Das Angebot des B ist aufgrund seiner Betrunkenheit, die als „vorübergehende Störung der Geistestätigkeit" anzusehen ist, nach § 105 II nichtig. Mangels wirksamer Einigung nach § 929 Satz 1 ist die Übereignung nicht wirksam. Eigentümer des Fahrrads ist also weiterhin der B.

2. Die Übergabe

Der Eigentumserwerb nach § 929 Satz 1 tritt regelmäßig nur ein, wenn dem Erwerber die Sache übergeben worden ist. Das bedeutet, dass der Erwerber den unmittelbaren Besitz an der Sache erlangen muss. Gleichzeitig muss der Veräußernde den Besitz völlig verlieren. Die Übergabe muss ferner mit dem Ziel geschehen, die Übereignung zu vollziehen.

Hinweis: In Anfänger-Klausuren ist die „Übergabe" jedoch selten problematisch. Normalerweise reicht es, zu schreiben, dass der Erwerber den unmittelbaren Besitz erlangt hat und ihm die Sache demnach übergeben worden ist.

3. Das Einigsein

Unter „Einigsein" versteht man, dass eine vorweggenommene Einigung zum Zeitpunkt der Übergabe noch wirksam sein muss. Auch diese Voraussetzung kann in Anfänger-Klausuren meist mit einem Satz abgehandelt werden, da sie normalerweise nicht problematisch ist.

4. Die Berechtigung

Nicht jeder darf das Eigentum an einer Sache übertragen, sondern nur der Berechtigte. Berechtigt ist

- grundsätzlich der Eigentümer selbst
- derjenige, der vom Berechtigten nach § 185 I ermächtigt ist.

Hat jemand eine Sache bereits als Nichtberechtigter übereignet, so kann der Berechtigte diese Übereignung nach § 185 II genehmigen (= nachträgliche Zustimmung).

Was geschieht, wenn jemand nach § 929 verfügt hat (= das Eigentum an der Sache übertragen hat), obwohl er Nichtberechtigter war und der Berechtigte die Übereignung nicht nach § 185 II genehmigt hat? In diesem Fall hat der Erwerber das Eigentum nur erworben, wenn er gutgläubig gemäß § 932 I war.

Nach § 932 II ist der Erwerber nicht in gutem Glauben, wenn ihm bekannt oder infolge grober Fahrlässigkeit unbekannt war, dass die Sache nicht dem Veräußerer gehört.

Beispiel 6: A leiht dem B sein Fahrrad. B verkauft und übereignet das Rad nach § 929 Satz 1 an den gutgläubigen C. Wer ist Eigentümer des Fahrrads?

Lösung: Ursprünglich war A Eigentümer des Fahrrads. Das Ausleihen des Rads an den B hat die Eigentumslage nicht verändert. A könnte sein Eigentum aber verloren haben, als der B das Rad an den C nach § 929 Satz 1 übereignete. § 929 Satz 1 setzt voraus: 1. eine **Einigung** zwischen B und C; 2. die **Übergabe** des Rads von B an C; 3. das **Einigsein**; 4. die **Berechtigung** des B. Die Voraussetzungen 1-3 sind erfüllt. Bei 4. ist festzustellen, dass B Nichtberechtigter war, so dass der C das Eigentum nur gutgläubig nach § 932 I erworben haben kann. Laut Sachverhalt war C gutgläubig. Eigentümer ist damit nicht mehr der A, sondern der C.

Grobe Fahrlässigkeit im Sinne des § 932 II liegt vor, wenn die im Verkehr erforderliche Sorgfalt (§ 276 II) in besonderem Maße verletzt und das missachtet wurde, was jedem hätte einleuchten müssen.

Beispiel 7: Der sichtlich drogenabhängige A spricht den B vor dem Hauptbahnhof an und bietet ihm ein fast neues Trekkingrad, das etwa 1.000 Euro wert ist, für 50 Euro zum Kauf an. B ist einverstanden und lässt sich das Rad nach § 929 Satz 1 übereignen. Hat B Eigentum erworben, wenn der A sich das Rad von seiner Exfreundin X ausgeliehen hatte?
Lösung: Ursprünglich war X Eigentümerin des Fahrrads. Das Ausleihen des Rads an den A hat die Eigentumslage nicht verändert. X könnte ihr Eigentum aber verloren haben, als der A das Rad an den B nach § 929 Satz 1 übereignete. § 929 Satz 1 setzt voraus: 1. eine **Einigung** zwischen A und B; 2. die **Übergabe** des Rads von A an B; 3. das **Einigsein**; 4. die **Berechtigung** des A. Die Voraussetzungen 1-3 sind erfüllt.
Bei 4. ist festzustellen, dass A Nichtberechtigter war, so dass der B das Eigentum nur gutgläubig nach § 932 I erworben haben kann. Nach § 932 II ist der Erwerber nicht in gutem Glauben, wenn ihm bekannt oder infolge grober Fahrlässigkeit unbekannt war, dass die Sache nicht dem Veräußerer gehört. Dem B war nicht bekannt, dass die X Eigentümerin war. Ihm hätten aufgrund des ungewöhnlich niedrigen Kaufpreises und der für Fahrradverkäufe unüblichen Kontaktaufnahme vor dem Hauptbahnhof aber Bedenken hinsichtlich der Berechtigung des A kommen müssen. Er hat also grobfahrlässig gehandelt und nicht durch guten Glauben das Eigentum erworben. Eigentümer des Fahrrads ist damit weiterhin die X.

Der Grund dafür, dass jemand von einem Nichtberechtigten das Eigentum an einer Sache gutgläubig nach § 932 erwerben kann liegt darin, dass der Besitz des Veräußerers gegenüber dem Erwerber meist den *Anschein* erweckt, dass dieser Berechtigter sei. Deshalb soll der Erwerber in seinem Vertrauen auf die Berechtigung des Veräußerers geschützt werden.

Wie weit die Schlussfolgerung „Besitzer der Sache = Berechtigter" geschützt wird, hängt von dem verkauften Gegenstand ab. So kommt es bei Autos zum Beispiel oft vor, dass diese dem Besitzer nicht gehören, sondern nur geleast (also quasi gemietet) sind. Das Eigentum an einem Auto kann man daher nur dann gutgläubig von einem Nichtberechtigten erwerben, wenn man sich außer dem KFZ-*Schein* auch den KFZ-*Brief*, in welchem der Eigentümer eingetragen ist, aushändigen lässt. Liegen Umstände vor, die vermuten lassen, dass der Wagen nicht dem Veräußerer gehört, besteht eine *Nachforschungspflicht*.

Die zugunsten des Erwerbers bestehende Vermutung, dass der Besitzer einer Sache auch der Berechtigte ist, hat allerdings Grenzen. Diese Vermutung gilt, solange die Sache *freiwillig* aus den Händen gegeben worden ist. Dann nämlich greift die Überlegung, dass ein Eigentümer, der seine Sache freiwillig aus den Händen gibt, weniger schutzbedürftig ist als derjenige, der gutgläubig auf das Eigentum des Veräußernden vertraut. Konsequenz: Der Gutgläubige erwirbt das Eigentum, der Eigentümer verliert seins.

In *Beispiel 6* hat der A sein Fahrrad freiwillig dem B gegeben (Leihe). Deshalb konnte der C nach § 932 I gutgläubig das Eigentum erwerben.

Anders ist die Situation jedoch, wenn die Sache dem Eigentümer **gestohlen** worden, verloren gegangen oder sonst abhanden gekommen ist. In diesem Fall ist alles umgekehrt: Der Eigentümer ist jetzt schutzbedürftiger als der gutgläubige Erwerber. Deshalb ist ein gutgläubiger Erwerb von Sachen, die gestohlen worden, verlorengegangen oder sonst abhanden gekommen sind, gemäß **§ 935 I Satz 1** nicht möglich.

Beispiel 8: Der Dieb D stiehlt das Fahrrad des A und verkauft und übereignet es nach § 929 Satz 1 an den gutgläubigen C. Wer ist Eigentümer des Fahrrads?
Lösung: Ursprünglich war A Eigentümer des Fahrrads. Durch den Diebstahl hat sich die Eigentumslage nicht verändert. Jedoch könnte durch Übereignung des Rads von D an C nach § 929 Satz 1 der C Eigentümer geworden sein. § 929 Satz 1 setzt voraus: 1. eine **Einigung** zwischen D und C; 2. die **Übergabe** des Rads von D an C; 3. das **Einigsein**; 4. die **Berechtigung** des D. Die Voraussetzungen 1-3 sind erfüllt. Bei 4. ist festzustellen, dass D Nichtberechtigter war, so dass der C das Eigentum nur gutgläubig nach § 932 I erworben haben kann. Laut Sachverhalt war C gutgläubig. § 932 ist aber gemäß § 935 I 1 nicht anwendbar, wenn das Rad gestohlen worden ist. Das Rad wurde dem A gestohlen, so dass der C nicht gutgläubig Eigentum erwerben konnte. Eigentümer ist also weiterhin der A.

Ist die Sache dem Eigentümer abhanden gekommen oder gestohlen worden, so kann nicht nur der erste Erwerber kein Eigentum erwerben. Auch alle nachfolgenden Erwerber können wegen § 935 I nicht gutgläubig Eigentum erwerben.

Beispiel 9: Der Dieb D stiehlt das Fahrrad des A und verkauft und übereignet es nach § 929 Satz 1 an den gutgläubigen C. C wiederum übereignet es dem gutgläubigen X. Ist X Eigentümer geworden?
Lösung: Wegen § 935 I konnte auch der X nicht Eigentum nach §§ 929, 932 erwerben.

II. Nachdem oben dargestellt worden ist, wie man das Eigentum an einer beweglichen Sache erwirbt, geht es nun um den **Erwerb unbeweglicher Sachen** (Grundstücke). Ein Grundstück ist definiert als abgegrenzter Teil der Erdoberfläche, welcher im Bestandsverzeichnis eines Grundbuchblattes unter einer besonderen Nummer eingetragen ist.

Das Eigentum an einem Grundstück wird erworben nach **§§ 873, 925**, wenn folgende Voraussetzungen vorliegen:

1. Einigung
2. Eintragung
3. Einigsein
4. Berechtigung

Die Voraussetzungen stimmen weitgehend mit denen des Erwerbs einer beweglichen Sache überein. Der Veräußernde und der Erwerber müssen sich über den Übergang des Grundstücks einigen. Diese Einigung nennt man *Auflassung*. Der Hauptunterschied gegenüber der Übereignung einer beweglichen Sache ist die *Eintragung*. Grundstücke zeichnen sich gerade dadurch aus, dass sie nicht einfach „übergeben" werden können. Stattdessen erfolgt eine Eintragung in das Grundbuch. So wie bei beweglichen Sachen die Übergabe in § 929 Satz 1 nach außen deutlich macht, wer der neue Eigentümer ist, verdeutlicht dies bei Grundstücken das beim *Amtsgericht* geführte Grundbuch.

Weiterhin muss auch bei der Übertragung des Eigentums an einem Grundstück der Veräußernde *Berechtigter* sein. Ist er dies nicht, so kann der Erwerber das Grundstück nur durch *guten Glauben* nach § 892 vom Nichtberechtigten erwerben. Während bei der beweglichen Sache der Besitz für den Erwerber den Anschein begründet, dass der Veräußernde Berechtigter ist, ist dies bei Grundstücken das Grundbuch, in welchem der Veräußernde - u.U. fälschlicherweise - als Berechtigter eingetragen ist.

Was bekommt der Erwerber eigentlich alles, wenn er nach §§ 873, 925 das Eigentum an einem Grundstück erwirbt? Nach § 93 können Bestandteile einer Sache, die von einander nicht getrennt werden können, ohne dass der eine oder der andere zerstört oder in seinem Wesen verändert wird (wesentliche Bestandteile), nicht Gegenstand besonderer Rechte sein. § 94 konkretisiert dies weiter und nennt als wesentliche Bestandteile eines Grundstücks die mit dem Grund und Boden fest verbundenen Sachen, insbesondere Gebäude. Das bedeutet, dass mit der Übereignung eines Grundstücks die wesentlichen Bestandteile, insbesondere Gebäude, mit auf den neuen Erwerber übergehen.

Der Sinn der §§ 93, 94 ist, die sinnlose Zerstörung wirtschaftlicher Werte zu verhindern, die eintreten würde, wenn Bestandteile voneinander getrennt werden, die ihren wirtschaftlichen Zweck und damit ihren Wert nur in der von ihnen gebildeten Einheit haben.

▸ Literatur zu dieser Lektion

Früh, **JuS** 1994, 129 f.; **JuS** 1994, 221 ff.

Skript **Einführung in das Sachenrecht 1,** Lektionen 6; 9-11

Skript **500 Spezial-Tipps für Juristen**, Kapitel: Wie gelingt meine Hausarbeit? Das Gutachten und sein Stil.

Lektion 6: Das Abstraktionsprinzip

Wer sich mit dem BGB beschäftigt, kommt um das Abstraktionsprinzip nicht herum. Das Beherrschen dieses Prinzips wird als so grundlegend angesehen, dass die Nichtbeachtung in Klausuren oder Hausarbeiten im Regelfall ein „nicht bestanden“ zur Folge hat.

Was versteht man unter dem Abstraktionsprinzip? Zunächst muss man sich vergegenwärtigen, dass es zwei Arten von Rechtsgeschäften gibt, nämlich

- Verpflichtungsgeschäfte und
- Verfügungsgeschäfte.

Verpflichtungsgeschäfte sind Rechtsgeschäfte, durch die jemand sich verpflichtet, eine bestimmte Leistung zu erbringen. Wer als Verkäufer einen Kaufvertrag schließt, verpflichtet sich z.B. nach § 433 I Satz 1, dem Käufer die Sache zu übergeben und das

Eigentum an der Sache zu verschaffen. Durch den Kaufvertrag erwirbt der Käufer also noch nicht das Eigentum, sondern nur einen *schuldrechtlichen Anspruch* gegen den Verkäufer auf Verschaffung des Eigentums.

Hinweis: Deshalb ist es ein schwerer Fehler, in Klausuren oder Hausarbeiten zu schreiben, dass jemand Eigentümer geworden sei, weil er die Sache gekauft hat. Durch einen Kaufvertrag wird man niemals Eigentümer!

Das Eigentum an der Sache erwirbt der Käufer erst durch ein zweites Rechtsgeschäft mit dem Verkäufer, nämlich durch das *Verfügungsgeschäft*, auch *dingliches* Rechtsgeschäft genannt. Hierbei wird das Eigentum nach §§ 873, 925 (Grundstücke) bzw. nach §§ 929 ff. (bewegliche Sachen) übertragen. Das bedeutet also, dass der Käufer und der Verkäufer bezüglich der verkauften Sache im Regelfall mindestens zwei Verträge schließen: erst den schuldrechtlichen Kaufvertrag nach § 433 und später den dinglichen Übereignungsvertrag nach §§ 929 ff. Im täglichen Leben spielt es sich allerdings nicht so ab, dass Käufer und Verkäufer bewusst nacheinander zunächst den schuldrechtlichen und dann den dinglichen Vertrag schließen. Der Verkäufer sagt nicht zuerst „Willst du diese Sache nach § 433 kaufen?“ und später „Willst du das Eigentum an dieser Sache nach § 929 erwerben?“. Vielmehr wird vieles *konkludent* zum Ausdruck gebracht.

Beispiel 1: A geht in die Bäckerei und sagt zu B: „Bitte 5 Brötchen!“. B packt die Brötchen in eine Tüte, legt sie auf die Theke und sagt: „Macht 1,80 Euro!“ A legt mit den Worten „hier 1,80, bitteschön!“ das Geld auf die Theke. B sagt „Vielen Dank!“. A nimmt die Brötchen von der Theke und geht. Wie viele Verträge wurden geschlossen?

Lösung: Es wurden *drei* Verträge geschlossen, nämlich ein schuldrechtlicher Vertrag (Kaufvertrag) für die 5 Brötchen und *zwei dingliche* Verträge, nämlich Übereignung der Brötchen von B an A nach § 929 Satz 1 und Übereignung des Geldes von A an B nach § 929 Satz 1.

Im täglichen Leben werden also regelmäßig *drei* Rechtsgeschäfte kurz nacheinander abgewickelt:

1 X Verpflichtungsgeschäft
Kaufvertrag nach § 433

2 X Verfügungsgeschäft

Übereignung Ware
nach § 929 Satz 1

Übereignung Geld
nach § 929 Satz 1

Nicht immer ist es so, dass das Verpflichtungs- und das Verfügungsgeschäft zeitlich kurz nacheinander geschlossen werden. Möglich ist auch, dass das Verfügungsgeschäft (die Übereignung) erst später folgt.

Beispiel 2: Mika hat gehört, dass Michael seinen Ferrari verkaufen will. Da er ein Weihnachtsgeschenk für seine Frau benötigt, schließt er am 15. Dezember einen Kaufvertrag über den Ferrari für 250.000 Euro. Abgeholt werden soll der Wagen aber erst am 24. Dezember, damit seine Frau nichts erfährt. Am 24. Dezember übergibt Mika einen schwarzen Koffer mit dem Geld. Michael übergibt den Zündschlüssel und die Wagenpapiere. Wann ist Mika Eigentümer des Ferraris geworden?
Lösung: Am 15. Dezember wurde nur der Kaufvertrag nach § 433 geschlossen. Die Übereignung des Wagens nach § 929 Satz 1 hat erst am 24. Dezember stattgefunden. Also ist Mika erst am 24. Dezember Eigentümer geworden.

Beispiel 3: Verkäufer A und Käufer B schließen am 10. Januar einen formgerechten Kaufvertrag über ein Grundstück. Am 17. Januar erfolgt die Auflassung und Eintragung in das Grundbuch nach §§ 873, 925. Wann ist B Eigentümer des Grundstücks geworden?
Lösung: Am 10. Januar wurde nur der Kaufvertrag nach § 433 geschlossen. Das Eigentum hat B erst am 17. Januar durch Auflassung und Eintragung in das Grundbuch erworben.

Nachdem oben deutlich gemacht worden ist, dass immer zwischen dem (schuldrechtlichen) Verpflichtungsgeschäft und dem (dinglichen) Verfügungsgeschäft unterschieden werden muss, geht es nun um die Frage, was man genau unter dem Abstraktionsprinzip versteht.
Das Abstraktionsprinzip besagt, dass das Verfügungsgeschäft (Übereignung) in seiner rechtlichen Wirksamkeit grundsätzlich unabhängig vom Verpflichtungsgeschäft (Kauf- oder Schenkungsvertrag) ist. Ist das Verpflichtungsgeschäft aus irgendwelchen Gründen unwirksam, lässt dies die Wirksamkeit des Verfügungsgeschäfts unberührt.

Beispiel 4: Der Betrunkene B schließt mit A einen Kaufvertrag über sein Fahrrad. Als sein Rausch vorbei ist, übereignet B bei vollem Bewusstsein an den A das Rad. Ist A Eigentümer geworden?

Lösung: Die für den Kaufvertrag abgegebene Willenserklärung des B ist aufgrund seiner Betrunkenheit, die als „vorübergehende Störung der Geistestätigkeit“ anzusehen ist, nach § 105 II nichtig. Also ist der Kaufvertrag unwirksam. Dies beeinflusst jedoch in keiner Weise die Wirksamkeit der Übereignung, die B ja später bei vollem Bewusstsein durchgeführt hat. Eigentümer des Rads ist also der A.

Beispiel 5: Fahrradhändler F verkauft und übereignet dem minderjährigen M ein Fahrrad. Die Eltern des M weigern sich, den Kaufvertrag zu genehmigen. Wer ist Eigentümer des Fahrrads?
Lösung: Die Übereignung des Fahrrads nach § 929 Satz 1 war für den M wegen des Eigentumserwerbs lediglich rechtlich vorteilhaft gemäß § 107, so dass er das Eigentum am Fahrrad erworben hat. Der Kaufvertrag hingegen war für M wegen der Verpflichtung zur Kaufpreiszahlung nach § 433 II rechtlich nachteilig und damit nach Verweigerung der Genehmigung durch die Eltern endgültig unwirksam. Die Unwirksamkeit des Kaufvertrags hat jedoch keinerlei Einfluss auf die Übereignung nach § 929 Satz 1. Also ist der M weiterhin Eigentümer des Fahrrads.

Dass ein Mangel des schuldrechtlichen Geschäfts nur bei *Fehleridentität* ausnahmsweise auf das dingliche Rechtsgeschäft „durchschlägt“ wurde oben bereits dargestellt, vgl. Lektion 3, Seite 31.

▸ Literatur zu dieser Lektion

📖 Schreiber, **Jura** 1989, 617 (Das Abstraktionsprinzip)

Lektion 7: Wie löse ich einen Fall?

Das juristische Wissen wird im Regelfall nicht durch Multiple-Choice-Tests, sondern anhand von Fällen abgefragt. Der Prüfling soll zeigen, ob er das Zusammenspiel der einzelnen Normen (Anspruchsgrundlagen, Einwendungen) beherrscht.
Üblicherweise wird empfohlen, als erstes den Sachverhalt zu erfassen. Nach meiner Erfahrung macht es aber Sinn, als erstes die *Fallfrage* am Ende zu lesen. Dadurch bekommt man schon einen ersten Eindruck, worauf es beim anschließenden ersten Lesen des Sachverhalts ankommen könnte und worauf nicht.

Nachdem man danach den Sachverhalt 2-3 Mal gelesen hat, muss als nächstes herausgearbeitet werden, *wonach* eigentlich gefragt ist. Nichts ist in einer Klausur tödlicher, als wenn man sich mit der Beantwortung von Fragen beschäftigt, die gar nicht gestellt sind. Überflüssige Ausführungen führen erstens bei der Bewertung zu einem klaren Punkteabzug. Zweitens reduziert die Beschäftigung mit irrelevanten Fragen die ohnehin sehr knapp bemessene Zeit. Diese fehlt dann für die Lösung der eigentlichen Probleme des Falles, so dass der Verfasser dann – überspitzt gesagt - die nicht gestellten Fragen beantwortet und die gestellten nicht beantwortet hat.

Mit Hilfe der folgenden „Zauberfrage“, die schon seit Generationen verwandt wird, kann man sehr einfach herausarbeiten, welche Ansprüche zu prüfen sind:

WER will WAS VON WEM WORAUS?

Wer?	**Was?**	**Von Wem?**	**Woraus?**
Anspruchsteller	- Herausgabe - Kaufpreiszahlung - Schadensersatz	Gegner	- vertraglicher - vertragsähnlicher - dinglicher - deliktischer - bereicherungsrechtlicher Anspruch

1. Wer von wem?

Zunächst müssen Anspruchsteller und Anspruchsgegner ermittelt werden.

Beispiel 1: Dieb D stiehlt das Fahrrad des B und verkauft es an C. Wenn die Fallfrage lautet: „Kann B das Fahrrad von C herausverlangen?“ ist auf etwaige Ansprüche, die B gegen D haben könnte, nicht einzugehen.

Beispiel 2: D stiehlt das Fahrrad des B und verkauft es an C. Wenn die Fallfrage lautet: „Welche Ansprüche haben die Beteiligten?“ sind alle Zweipersonenverhältnisse, die in Betracht kommen könnten, zu prüfen. Denkbar wären dann auch Ansprüche des Bestohlenen B gegen den Dieb D.

Tipp: Um den Überblick nicht zu verlieren, ist es sinnvoll, zunächst eine *Skizze* anzufertigen, die zeigt, in welchem Verhältnis die beteiligten Personen zueinander stehen, vgl. dazu das Stellvertretungs-Beispiel auf Seite 35.

2. Was?

Der Anspruchsteller kann ganz unterschiedliche Anspruchsziele verfolgen. Ihm kann es z.B. um Herausgabe, Übereignung, Schadensersatz oder Kaufpreiszahlung gehen.

Beispiel 3: D stiehlt das Fahrrad des B und verkauft es an C. Wenn die Fallfrage lautet: „Welche Ansprüche hat B gegen C ?“ ist in erster Linie an Herausgabeansprüche des B zu denken und falls dies nicht möglich ist (weil das Rad z.B. zerstört worden ist) an Schadensersatzansprüche.

3. Woraus?

Für ein Begehren des Anspruchstellers greifen meist mehrere Anspruchsgrundlagen ein. In einem Gutachten sind alle in Betracht kommenden Anspruchsgrundlagen zu prüfen. Auch dann, wenn eine Anspruchsgrundlage dem Anspruchsteller den gewünschten Anspruch bereits gewährt, muss weiter geprüft werden. Grund: das Gutachten soll einen Prozess vorbereiten. Im Prozess kann es aber passieren, dass die tatsächlichen Voraussetzungen für eine Anspruchsgrundlage nicht bewiesen werden können. Dann muss die Klage auf eine andere Anspruchsgrundlage gestützt werden. Eingebürgert hat sich folgende Prüf-Reihenfolge:

1. Vertraglich
2. Vertragsähnlich
3. Dinglich
4. Deliktisch
5. Bereicherungsrechtlich

Hier jeweils ein gängiges Beispiel für einen Anspruch aus

- Vertrag: Kaufpreiszahlungspflicht aus § 433 II
- Vertragsähnlichen Verhältnissen: § 179
- Dinglicher Grundlage : Herausgabe nach § 985
- Deliktischer Grundlage: Schadensersatz nach § 823 I
- Bereicherungsrechtlicher Grundlage: Kondiktion, § 812 I 1

Ist die Anspruchsgrundlage einmal ermittelt, prüft man nacheinander deren Voraussetzungen. Etwa 60-70 % der Formulierungen (Obersatz, Definition, Schlusssatz) sind Standard und stehen dabei im Grunde schon fest. Zum *Gutachtenstil* vergleiche auch Lektion 8, Seite 76. Obwohl dieses starre System kreativen Wort-Artisten im Regelfall keine Freude bereitet, hat es doch den Vorteil, dass man es einfach erlernen kann, da viele „Bausteine“ immer wieder kehren. Nachfolgend die typischen Prüfungsabläufe der für Anfänger wichtigsten Anspruchsgrundlagen. Das Zeichen „+++“ bedeutet, dass diese Anspruchsgrundlage sehr häufig in Anfängerklausuren vorkommt, das Zeichen „++“ häufig und „+“ eher selten. Mit „+++“ gekennzeichnete Anspruchsgrundlagen sollte man daher „im Schlaf“ beherrschen!

I. Vertragliche Ansprüche

1. Kaufvertrag +++

a) Anspruchsinhalt

- Der Verkäufer kann nach **§ 433 II** vom Käufer Zahlung des vereinbarten Kaufpreises verlangen.
- Der Käufer kann vom Verkäufer nach **§ 433 I** verlangen, dass dieser ihm die Sache übergibt und das Eigentum an der Sache verschafft.

b) Voraussetzung

- Zustandekommen eines Kaufvertrags

c) Üblicher Prüfungsablauf

aa) Angebot und Annahme bieten den Einstieg für eine Prüfung

- des Zugangs des Angebots oder der Annahme nach § 130
- des Angebots oder der Annahme durch einen Stellvertreter gemäß § 164

bb) Unter dem Stichwort „Wirksamkeit des Vertrags" kann geprüft werden, ob die erfolgte Einigung nichtig bzw. unwirksam ist nach

- §§ 105 ff. wegen Geschäftsunfähigkeit oder Minderjährigkeit
- § 125 wegen Formmangels
- § 134 wegen Verstoßes gegen ein gesetzliches Verbot
- § 138 wegen Sittenwidrigkeit
- § 142 wegen einer erfolgten Anfechtung nach §§ 119 ff.

d) Übliche Formulierungen

- Kaufvertrag: Ein Kaufvertrag setzt eine *Einigung* voraus. Eine Einigung kommt zustande durch zwei übereinstimmende Willenserklärungen, nämlich Angebot und Annahme, §§ 145 ff. Ein *Angebot* könnte hier der A abgegeben haben, indem er....
- Zugang: Das *Angebot* des A müsste dem B nach § 130 I zugegangen sein. Zugegangen ist es, wenn es in den *Machtbereich* des B gelangt ist und mit einer Kenntnisnahme unter gewöhnlichen Umständen *zu rechnen* war. Oder: Die *Annahmeerklärung* des B müsste dem A nach § 130 I zugegangen sein.
- Stellvertretung: A selbst hat kein Angebot abgegeben. Er könnte aber durch den B gemäß § 164 I vertreten worden sein. § 164 I greift ein, wenn B eine *eigene* Willenserklärung *im Namen* des A *mit Vertretungsmacht* abgegeben hat.

- Anfechtung: Der geschlossene Kaufvertrag ist gemäß § 142 I von Anfang an nichtig, wenn der A ihn wirksam angefochten hat. *Anfechtungsgrund* könnte § 119 I sein..... Eine *Anfechtungserklärung* hat A abgegeben. Die *Anfechtungsfrist* des § 121 I ist gewahrt.

Achtung! Zu einem der oben genannten Punkte darf nur dann etwas geschrieben werden, wenn der Sachverhalt dazu Anhaltspunkte liefert. Heißt es z.B. im Sachverhalt, dass A und B einen Kaufvertrag geschlossen haben, so sind langwierige Ausführungen zum Thema „Angebot und Annahme“ verfehlt. Es genügt in diesem Fall, wenn man schreibt, dass ein Kaufvertrag geschlossen wurde. Genauso falsch ist es, wenn man etwas zum Zugang des Angebots oder der Annahme schreibt, obwohl der Zugang in keiner Weise problematisch ist.

Dargestellt werden dürfen in einer Klausur also nur die Punkte, die problematisch sein könnten. Dazu muss man den Sachverhalt aufmerksam lesen und sich überlegen, wie die einzelnen Tatsachen rechtlich einzuordnen sind. Ein langer Briefwechsel zwischen Käufer und Verkäufer vor Abschluss eines Kaufvertrags kann z.B. bedeuten, dass der Punkt „Angebot und Annahme“ vertieft dargestellt werden muss. Zu prüfen ist dann, wer wann ein Angebot mit welchem Inhalt abgegeben hat und wann dies von wem angenommen worden ist. Werden Briefe in irgendwelche Brief- oder Postkästen eingeworfen oder Faxe verschickt und kommen diese nicht oder erst verspätet beim Empfänger an, ist meist der *Zugang* problematisch. Wird jemand für einen anderen tätig, deutet dies auf das Thema „Stellvertretung“ hin. Gibt nach Abschluss eines Vertrags einer der Vertragspartner (ggf. konkludent) zu erkennen, dass er sich vom Vertrag lösen will, kann die *Anfechtung* nach §§ 119 ff. ins Spiel kommen.

2. Darlehensvertrag ++

a) Anspruchsinhalt

- Der Darlehensnehmer kann nach **§ 488 I 1** vom Darlehensgeber verlangen, dass dieser ihm einen Geldbetrag in der vereinbarten Höhe zur Verfügung stellt.
- Der Darlehensgeber kann nach **§ 488 I 2** verlangen, dass der Darlehensnehmer den geschuldeten Zins zahlt und bei

Fälligkeit das zur Verfügung gestellte Darlehen zurückerstattet.

b) Voraussetzung

- Zustandekommen eines Darlehensvertrags.

c) Üblicher Ablauf und Formulierungen wie beim Kaufvertrag.

3. Schenkungsvertrag ++

a) Anspruchsinhalt

- Der Beschenkte kann nach § 516 I die vereinbarte unentgeltliche Zuwendung verlangen. Das ist meist die Verschaffung des Eigentums, also eine Übereignung nach §§ 929 ff. (bewegliche Sachen) oder nach §§ 873, 925 (Grundstücke)

b) Voraussetzung

- Zustandekommen eines Schenkungsvertrags.

c) Üblicher Ablauf und Formulierungen wie beim Kaufvertrag.

4. Mietvertrag ++

a) Anspruchsinhalt

- Der Mieter kann nach **§ 535 I** vom Vermieter verlangen, dass dieser ihm den Gebrauch der Mietsache während der Mietzeit gewährt. Der Vermieter hat die Mietsache dem Mieter in einem zum vertragsgemäßen Gebrauch geeigneten Zustand zu überlassen.
- Der Vermieter kann nach **§ 535 II** verlangen, dass der Mieter die vereinbarte Miete entrichtet.
- Der Vermieter kann nach **§ 546 I** verlangen, dass der Mieter die Mietsache nach Beendigung des Mietverhältnisses zurückgibt.

b) Voraussetzung

- Zustandekommen eines Mietvertrags.

c) Üblicher Ablauf und Formulierungen wie beim Kaufvertrag.

5. Leihvertrag +

a) Anspruchsinhalt

- Der Entleiher kann nach **§ 598** vom Verleiher verlangen, dass dieser ihm den Gebrauch der Sache *unentgeltlich* gestattet. Die Unentgeltlichkeit unterscheidet den Leih- vom Mietvertrag.

b) Voraussetzung

- Zustandekommen eines Leihvertrags.

c) Üblicher Ablauf und Formulierungen wie beim Kaufvertrag.

6. Dienstvertrag +

a) Anspruchsinhalt

- Der „Arbeitnehmer“ ist zur Leistung der versprochenen Dienste nach **§ 611 I** verpflichtet.
- Der „Arbeitgeber“ ist nach **§ 611 I** zur Gewährung der vereinbarten Vergütung verpflichtet.

b) Voraussetzung

- Zustandekommen eines Dienstvertrags.

c) Üblicher Ablauf und Formulierungen wie beim Kaufvertrag.

7. Werkvertrag ++

a) Anspruchsinhalt

- Der Besteller kann vom Unternehmer Herstellung des versprochenen Werkes nach **§ 631 I** verlangen. Anders als beim Dienstvertrag wird nicht das bloße Tätigwerden, sondern ein konkreter *Erfolg* geschuldet.
- Der Besteller ist nach **§ 631 I** zur Entrichtung der vereinbarten Vergütung verpflichtet.

b) Voraussetzung

- Zustandekommen eines Werkvertrags.

c) Üblicher Ablauf und Formulierungen wie beim Kaufvertrag.

8. Reisevertrag +

a) Anspruchsinhalt

- Der Reisende kann vom Reiseveranstalter nach **§ 651 a I** verlangen, dass dieser eine Gesamtheit von Reiseleistungen (Reise) erbringt.
- Der Reiseveranstalter kann vom Reisenden nach **§ 651 a I** verlangen, dass dieser den vereinbarten Reisepreis zahlt.

b) Voraussetzung

- Zustandekommen eines Reisevertrags.

c) Üblicher Ablauf und Formulierungen wie beim Kaufvertrag.

9. Auftrag +

a) Anspruchsinhalt

- Der Beauftragte ist nach **§ 662** verpflichtet, ein ihm von dem Auftraggeber übertragenes Geschäft für diesen *unentgeltlich* zu besorgen.

b) Voraussetzung

- Zustandekommen eines Auftrags.

c) Üblicher Ablauf und Formulierungen wie beim Kaufvertrag.

10. Verwahrungsvertrag +

a) Anspruchsinhalt

- Durch den Verwahrungsvertrag wird der Verwahrer gemäß **§ 688** verpflichtet, eine ihm von dem Hinterleger übergebene bewegliche Sache aufzubewahren.

b) Voraussetzung

- Zustandekommen eines Verwahrungsvertrags.

c) Üblicher Ablauf und Formulierungen wie beim Kaufvertrag.

II. Vertragsähnliche Ansprüche

1. Vertreter ohne Vertretungsmacht, § 179 ++

a) Anspruchsinhalt

- Der Vertragspartner kann vom Vertreter ohne Vertretungsmacht nach **§ 179 I** Erfüllung oder Schadensersatz wegen Nichterfüllung verlangen.
- Der Vertragspartner kann vom Vertreter ohne Vertretungsmacht nach **§ 179 II** Ersatz seines Vertrauensschadens verlangen, begrenzt auf das Erfüllungsinteresse.

b) Voraussetzung

- § 179 I setzt voraus, dass der Vertreter ohne Vertretungsmacht gehandelt und der Vertretene die Genehmigung des Vertrags verweigert hat.
- § 179 II setzt voraus, dass der Vertreter ohne Vertretungsmacht gehandelt und dabei den Mangel seiner Vertretungsmacht *nicht gekannt* hat.

c) Üblicher Ablauf

Zunächst werden die Voraussetzungen des § 179 I geprüft. Bietet der Sachverhalt Anhaltspunkte dafür, dass der Vertreter den Mangel seiner Vertretungsmacht nicht gekannt hat, verneint man einen Anspruch aus § 179 I. Anschließend beginnt man eine neue Prüfung mit § 179 II, der ebenfalls eine eigene Anspruchsgrundlage darstellt.

2. Anfechtung einer Willenserklärung, § 122 ++

a) Anspruchsinhalt

- Der Vertragspartner kann vom Anfechtenden nach **§ 122 I** Ersatz seines Vertrauensschadens verlangen, begrenzt auf das Erfüllungsinteresse.

b) Voraussetzung

- § 122 I setzt voraus, dass eine Willenserklärung nach § 118 nichtig oder auf Grund der §§ 119, 120 angefochten worden ist.

c) Üblicher Ablauf

Zunächst wird geprüft, ob der Vertrag nach §§ 119, 120 angefochten worden ist. Danach ist der Anspruch aus § 122 zu prüfen, allerdings nur, wenn nach Schadensersatzansprüchen auch gefragt ist!

III. Dingliche Ansprüche

1. Herausgabeanspruch, § 985 +++

a) Anspruchsinhalt

- Der Eigentümer kann von dem Besitzer Herausgabe seiner Sache fordern.

b) Voraussetzung

- § 985 setzt voraus, dass eine Sache (§ 90 BGB) vorliegt, deren Eigentümer der Anspruchsteller und deren Besitzer der Anspruchsgegner ist. Außerdem darf der Anspruchsgegner kein Recht zum Besitz nach § 986 haben.

c) Üblicher Prüfungsablauf

- Das Vorliegen einer Sache nach **§ 90** kann meist unproblematisch bejaht werden.
- Dass der Anspruchsgegner Besitzer ist, weil er nach **§ 854 I** die tatsächliche Gewalt über die Sache ausübt, kann ebenfalls meist unproblematisch bejaht werden.
- Der Prüfungspunkt „Eigentum“ ist häufig der Einstieg für Erörterungen zu §§ 929 ff. Man sollte zunächst feststellen, wer ursprünglich Eigentümer war. Anschließend kann untersucht werden, ob der Eigentümer sein Eigentum

vielleicht dadurch verloren hat, dass die Sache einer anderen Person nach §§ 929 ff. übereignet worden ist.

- Sind die Tatbestandsmerkmale „Sache", „Eigentum" und „Besitz" alle bejaht worden, sollte zum Schluss noch kurz geprüft werden, ob der Besitzer ein Recht zum Besitz aus § 986 I herleiten kann.

d) Übliche Formulierungen

- Sache: Das <Fahrrad> ist ein körperlicher Gegenstand und damit eine Sache gemäß § 90 BGB.
- Besitz: Der B übt die tatsächliche Gewalt über das <Fahrrad> aus und ist damit dessen Besitzer nach § 854 I.
- Eigentum: Der A müsste Eigentümer des <Fahrrads> sein. Ursprünglich war A Eigentümer. Er könnte sein Eigentum aber verloren haben, indem er dem B das <Fahrrad> nach § 929 Satz 1 übereignete. § 929 Satz 1 setzt voraus: 1. A und B müssten sich geeinigt haben...; 2. A müsste dem B das Rad übergeben haben.....; 3. Einigsein..........; 4. A müsste Berechtigter gewesen sein....

2. Herausgabeanspruch, § 1007 +

a) Anspruchsinhalt

- Der frühere Besitzer kann von dem derzeitigen Besitzer Herausgabe der Sache fordern.

b) Voraussetzung

- § 1007 I setzt voraus, dass der Anspruchsteller eine bewegliche Sache in Besitz gehabt hat, die zum Zeitpunkt der Geltendmachung des Anspruchs von jemandem besessen wird, der beim Besitzerwerb bösgläubig war.
- § 1007 II setzt voraus, dass dem Anspruchsteller eine bewegliche Sache gestohlen worden, verloren gegangen oder sonst abhanden gekommen ist und diese Sache jetzt vom Anspruchsgegner besessen wird.

3. Herausgabeanspruch, § 861 +

a) Anspruchsinhalt

- Der frühere Besitzer, dem der Besitz durch verbotene Eigenmacht entzogen worden ist, kann die Wiedereinräumung des Besitzes von demjenigen verlangen, welcher ihm gegenüber fehlerhaft besitzt.

b) Voraussetzung

- Der Besitz wurde gemäß § 861 durch verbotene Eigenmacht entzogen. Wer dem Besitzer ohne dessen Willen den Besitz entzieht oder ihn im Besitz stört, übt nach § 858 I, sofern nicht das Gesetz die Entziehung oder die Störung gestattet, verbotene Eigenmacht.
- Der Anspruchsgegner muss nach § 861 I gegenüber dem Anspruchsteller fehlerhaft besitzen. Der durch verbotene Eigenmacht erlangte Besitz ist gemäß § 858 II 1 fehlerhaft.
- Der Anspruch darf nicht durch Ablauf der Jahresfrist des § 864 I erloschen sein.

Beispiel 4: A leiht dem B sein Fahrrad. Dieb D stiehlt es heimlich dem B. Kann der B das Fahrrad von D herausverlangen?
Lösung: Ein Anspruch des B aus § 985 scheitert daran, dass der B nur Besitzer, nicht aber Eigentümer des Fahrrads war. Es besteht jedoch ein Anspruch aus § 1007 I, weil der D beim Besitzerwerb bösgläubig war. Auch § 1007 II greift ein, weil das Rad dem B gestohlen wurde. Außerdem besteht ein Anspruch aus § 861, weil dem B der Besitz ohne seinen Willen, also mit verbotener Eigenmacht nach § 858 I, entzogen worden ist und der D den Besitz durch verbotene Eigenmacht erlangt hat, also gegenüber B nach §§ 858 II, 861 fehlerhaft besitzt. Denkbar ist ferner ein Anspruch aus § 823 I, 249 (Besitz als „sonstiges Recht") und aus §§ 823 II, 858, 249 (§ 858 als „Schutzgesetz").

IV. Deliktische Ansprüche

1. Schadensersatzanspruch, §§ 823 I, 249 ++

a) Anspruchsinhalt

- Der Schädigende hat dem Geschädigten den von ihm verursachten Schaden zu ersetzen.

b) Voraussetzung

- Ein in § 823 I geschütztes **Rechtsgut** ist **verletzt** worden, z.B. der Körper, die Gesundheit, das Eigentum.

Beispiel 5: A verursacht mit seinem Volvo fährlässig einen Unfall, indem er in den Smart des B fährt. Dabei wird der „Smart" sowie der Halswirbel des B beschädigt. Hier ist kurz festzustellen, dass das Eigentum des B am „Smart" sowie sein Körper und seine Gesundheit verletzt worden sind.

- **Ursächlich** für die Verletzung war eine **Handlung** des Schädigenden. Die sog. *Kausalität* liegt vor, wenn die Handlung des Schädigenden nicht hinweggedacht werden kann, ohne dass der Schaden entfiele.

Beispiel 6: Wäre der A in Beispiel 5 nicht mit seinem Volvo in den „Smart" des B gefahren, wären der Wagen des B und sein Halswirbel nicht beschädigt worden.

Häufig wird dem Schädigenden allerdings nicht ein positives Tun, sondern ein *Unterlassen* vorgeworfen. Ein Unterlassen verpflichtet zum Schadensersatz, wenn der Schädigende dem Geschädigten gegenüber eine *Garantenstellung* inne und seine daraus resultierende Garantenpflicht verletzt hat. Eine Garantenstellung besitzt jeder, der für eine Gefahrenquelle verantwortlich ist, weil er *verkehrssicherungspflichtig* ist.

Beispiel 7: Straßenarbeiter S buddelt auf dem Bürgersteig ein tiefes Loch. Dabei versäumt er es, das Loch durch sichtbare Warngitter bzw. Absperrband abzusichern. Rentnerin R übersieht das Loch, stürzt und verletzt sich. Hier besteht das schädigende Verhalten des S nicht im Buddeln des Lochs, sondern im Unterlassen von Sicherungsmaßnahmen. Da S mit dem Loch eine neue Gefahrenquelle geschaffen hat, war er hierfür verkehrssicherungspflichtig, also *Garant*.

Beim Unterlassen ist die Kausalität zu bejahen, wenn pflichtgemäßes Handeln den Schaden mit an Sicherheit grenzender Wahrscheinlichkeit verhindert hätte.

- Die **Rechtswidrigkeit** ist regelmäßig zu bejahen.
- Es liegt ein **Verschulden** des Schädigenden vor. Dazu muss der Schädigende zunächst *verschuldensfähig* sein. Nach **§ 828 I** sind Kinder unter 7 Jahren generell nicht verschuldensfähig. Bei Minderjährigen, die zwischen 7 und 18 Jahre alt sind, entscheidet nach **§ 828 III** die *konkrete Einsichtsfähigkeit*.

  Ein Verschulden ist zu bejahen, wenn der Schädigende vorsätzlich oder fahrlässig gehandelt hat. *Vorsätzlich* handelt derjenige, der weiß, dass der Schaden eintreten wird und dies auch will. *Fahrlässig* handelt nach § 276 II derjenige, der die erforderliche Sorgfalt außer Acht lässt.

Beispiel 8: Albert (6 Jahre), Moritz (8 Jahre) und Klaus (15 Jahre) machen ein Lagerfeuer 3 Meter entfernt von einem Gartenhäuschen. Einige Funken führen zu einem Brand des Gartenhäuschens. Da es nun völlig abgebrannt ist, verlangt der Eigentümer E Ersatz seines Schadens in Höhe von 1.500 Euro aus § 823 I. Zu Recht?

Lösung: Das *Eigentum* des E ist durch den Brand zerstört worden, die Verletzung eines der in § 823 I genannten Rechtsgüter damit gegeben. *Ursächlich* war das Feuermachen der drei Jungen in unmittelbarer Nähe des Gartenhäuschens. Es müsste ein *Verschulden* der drei Jungen vorliegen. Voraussetzung ist, dass Albert, Moritz und Klaus *verschuldensfähig* sind. Der sechsjährige Albert ist gemäß § 828 I nicht verschuldensfähig. Die Verantwortlichkeit von Moritz und Klaus hängt nach § 828 III von ihrer konkreten Einsichtsfähigkeit ab. Während die Einsichtsfähigkeit beim 8-jährigen Moritz zweifelhaft erscheint, dürfte sie beim 15-jährigen Klaus zu bejahen sein. Klaus hat auch die erforderliche Sorgfalt außer acht gelassen, indem er in unmittelbarer Nähe des Gartenhäuschens ein

Feuer entfachte. Damit hat Klaus fahrlässig gehandelt, ein Verschulden von Klaus ist gegeben. Der E kann daher von Klaus Schadensersatz in Geld nach §§ 823 I, 249 II 1 verlangen.

c) Übliche Formulierungen

- Es müsste ein in § 823 I genanntes Rechtsgut verletzt worden sein. Eine Eigentumsverletzung liegt vor, wenn der Eigentümer in seinen Befugnissen (§ 903) beeinträchtigt wird. Das <Fahrrad> des X ist beschädigt worden, so dass eine Eigentumsverletzung gegeben ist.
- Es müsste ein in § 823 I genanntes Rechtsgut verletzt worden sein. Eine Verletzung des „Körpers" liegt vor, wenn in die körperliche Unversehrtheit eingegriffen wird. Durch <den Auffahrunfall> wurde in die körperliche Unversehrtheit des X eingegriffen. Eine Körperverletzung ist also gegeben.
- Bei positivem Tun: Eine Handlung des Y müsste *kausal* für die Rechtsgutsverletzung gewesen sein. Die Kausalität ist zu bejahen, wenn das Handeln des Y nicht hinweggedacht werden kann, ohne dass der Erfolg entfiele. Hätte der Y nicht <gegen das Rad getreten>, wäre dieses nicht beschädigt worden. Kausalität liegt damit vor.
- Bei Unterlassen: Das Unterlassen des Y war tatbestandsmäßig, wenn er eine Garantenstellung inne hatte und das erkennbar Erforderliche und Zumutbare nicht getan hat. Eine Garantenstellung des Y könnte sich hier ergeben aus.....Pflichtgemäßes Handeln des Y hätte den Schaden mit an Sicherheit grenzender Wahrscheinlichkeit verhindert. Also war das Unterlassen des Y kausal für den eingetretenen Schaden.
- Die Rechtswidrigkeit ist gegeben.
- Ein Verschulden des Y ist gegeben, wenn er vorsätzlich oder fahrlässig gehandelt hat. Vorsätzlich handelt derjenige, der weiß, dass der Schaden eintritt und dies auch will. Fahrlässig handelt nach § 276 II, wer die im Verkehr erforderliche Sorgfalt außer Acht lässt.

2. Schadensersatzanspruch, §§ 823 II, 249 ++

a) Anspruchsinhalt

- Der Schädigende hat dem Geschädigten den von ihm verursachten Schaden zu ersetzen.

b) Voraussetzung

- Es wurde gegen ein **Schutzgesetz** verstoßen. Schutzgesetze sind solche Gesetze, die *sachlich* und *persönlich* den Schutz des Geschädigten bezwecken, z.B. § 223 StGB (*vorsätzliche* Körperverletzung), § 229 StGB (*fahrlässige* Körperverletzung) und § 303 StGB (*vorsätzliche* Sachbeschädigung).

In **Beispiel 5** ist A wegen des von ihm mit seinem Volvo verursachten Unfalls nicht nur nach § 823 I, sondern auch nach §§ 823 II BGB, 229 StGB zum Ersatz des B entstandenen Körperschadens (Halswirbelverletzung) verpflichtet. Da eine Sachbeschädigung nach dem Strafgesetzbuch (StGB) nur strafbar ist, wenn sie *vorsätzlich* begangen wurde, scheidet hingegen ein Anspruch des B aus §§ 823 II BGB, 303 StGB auf Ersatz seines Schadens am Smart aus. Diesen nicht vorsätzlich, sondern fahrlässig verursachten Schaden kann B also nur über § 823 I ersetzt verlangen.

3. Schadensersatzanspruch, § 831 ++

a) Anspruchsinhalt

- Der Geschäftsherr hat dem Geschädigten den von seinem Verrichtungsgehilfen verursachten Schaden zu ersetzen.

Beispiel 9: Automechanikermeister A betreibt eine Werkstatt, in der der Geselle G angestellt ist. Kunde K bringt im November seinen Mercedes in die Werkstatt, damit die Winterreifen aufgezogen werden. G ist schlecht gelaunt und zerkratzt den vorderen Kotflügel des Wagens. Da G wegen seiner Scheidung kein Vermögen mehr hat, will der K von dem A die 2.000 Euro als Schadensersatz für die fällige Neulackierung fordern. Zu Recht?
Lösung: K könnte gegen A einen Anspruch aus § 831 I 1 auf Schadensersatz haben. Der G hat als Verrichtungsgehilfe des A eine tatbestandsmäßige, rechtswidrige unerlaubte Handlung begangen (Zerkratzen des Kotflügels = Eigentumsverletzung nach § 823 I). Dies geschah auch „in Ausführung der Verrichtung" und nicht nur „bei Gelegenheit". Ein Verschulden des A wird nach § 831 I 2 vermutet. K kann also von A aus § 831 I 1 Schadensersatz fordern.

b) Voraussetzung

- Ein Verrichtungsgehilfe des Geschäftsherrn hat tatbestandsmäßig und rechtswidrig eine unerlaubte Handlung gemäß § 823 begangen. Ein Verschulden des Verrichtungsgehilfen ist hierfür *nicht* notwendig.

- Verrichtungsgehilfe ist, wer mit Wissen und Wollen des Geschäftsherrn für diesen in dessen Geschäftsbereich *weisungsabhängig* tätig ist.

Beispiel 10: Ein Geselle ist für seinen Meister im Regelfall weisungsabhängig tätig und damit Verrichtungsgehilfe. Der Auftraggeber ist jedoch gegenüber dem beauftragten Handwerker im Regelfall nicht weisungsbefugt!

- Der Verrichtungsgehilfe muss „in Ausführung der Verrichtung" handeln. Daran fehlt es, wenn die schädigende Handlung nur „bei Gelegenheit" geschieht und zwischen der Verrichtung und der schädigenden Handlung kein *innerer Zusammenhang* besteht.

Beispiel 11: Malergeselle G, der das Wohnzimmer des Auftraggebers A streichen soll, nutzt die Mittagspause, geht in den Keller und entwendet eine dem A gehörende Bohrmaschine. Hier fehlt der o.g. innere Zusammenhang.

- Ein *Verschulden des Geschäftsherrn* wird nach § 831 I 2 vermutet. Will der Geschäftsherr nicht haften, dann muss er einen Entlastungsbeweis erbringen, also darlegen, dass er bei der Auswahl und Überwachung seines Verrichtungsgehilfen die notwendige Sorgfalt beachtet hat. Sofern der Sachverhalt keine Angaben zu einem Entlastungsbeweis enthält, ist also von einem Verschulden des Geschäftsherrn auszugehen!

V. Bereicherungsrechtliche Ansprüche

1. Leistungskondiktion, § 812 I 1 1. Alt. +++

a) Anspruchsinhalt

- Der Bereicherungsgläubiger kann von dem Bereicherungsschuldner Herausgabe des ohne rechtlichen Grund Erlangten verlangen. Sinn und Zweck der §§ 812 ff. ist, ungerechtfertigte Vermögensverschiebungen wieder rückgängig zu machen.

b) Voraussetzung

- Der Schuldner hat *etwas erlangt.*
- Die Bereicherung erfolgte *durch Leistung* des Gläubigers.
- Die Bereicherung erfolgte *ohne rechtlichen Grund.*

c) Üblicher Prüfungsablauf

- Die Bereicherung des Schuldners kann meist unproblematisch bejaht werden. Hier ist jedoch stets anzugeben, was genau der Schuldner erlangt hat, z.B. Eigentum und/oder Besitz an der Sache, die herausverlangt wird.

- Auch die „Leistung“ ist meist unproblematisch. Unter „Leistung“ versteht man die bewusste und zweckgerichtete Vermehrung fremden Vermögens. Hier ist darzulegen, dass der Gläubiger das Vermögen des Schuldners früher bewusst und zweckgerichtet vermehrt hat, z.B. um seine Verpflichtung auf Übereignung der Sache (z.B. aus einem Kaufvertrag, § 433 I) zu erfüllen.
- Der Prüfungspunkt „ohne rechtlichen Grund“ bietet meist den Einstieg für eine Prüfung der Wirksamkeit des schuldrechtlichen Geschäfts. Hier ist darzulegen, *warum* der schuldrechtliche (Kauf- oder Schenkungs-)Vertrag nicht wirksam ist, z.B. weil er nach §§ 119 ff. angefochten worden ist, der Minderjährige nach §§ 106 ff. in der Geschäftsfähigkeit beschränkt oder der Vertrag nach § 138 sittenwidrig war. Vgl. dazu Lektion 3: Die Wirksamkeit des Vertrags, S. 16.

d) Übliche Formulierungen

- Der A hat den Besitz am <Fahrrad> und damit „etwas erlangt“. Oder: Der A hat Besitz und Eigentum am <Fahrrad> und damit „etwas erlangt“.
- Dies müsste durch eine „Leistung“ des B geschehen sein. Unter „Leistung“ versteht man die bewusste und zweckgerichtete Vermehrung fremden Vermögens. B hat dem A das <Fahrrad> übereignet, um seine Verpflichtung aus dem Kaufvertrag (§ 433 I 1) zu erfüllen und somit bewusst und zweckgerichtet. Eine Leistung des B an A liegt also vor.
- „Ohne rechtlichen Grund“ ist die Leistung erfolgt, wenn der zwischen A und B geschlossene Kaufvertrag unwirksam ist. Der Kaufvertrag ist nach § 142 I nichtig, wenn B ihn wirksam angefochten hat. Voraussetzung dafür ist das Vorliegen eines Anfechtungsgrundes und einer Anfechtungserklärung, die innerhalb der Anfechtungsfrist abgegeben worden sein muss. *Oder:* Der Kaufvertrag ist unwirksam, wenn er dem minderjährigen A keinen rechtlichen Vorteil gemäß § 107 gebracht hat und die Eltern des A weder eingewilligt noch genehmigt haben.

Beispiel 10: Fahrradhändler F verkauft und übereignet dem Minderjährigen M ein Fahrrad. Die Eltern verweigern die Genehmigung des Kaufvertrags. Kann der F das Rad vom M nach § 812 I 1 1.Alt. herausverlangen?

Lösung: M hat Eigentum und Besitz am Fahrrad und damit *„etwas erlangt"*. F hat dem M Eigentum und Besitz übertragen, um seine Verpflichtung aus dem Kaufvertrag (§ 433 I 1) zu erfüllen, also bewusst und zweckgerichtet das Vermögen des M vermehrt. Eine *„Leistung"* des F an M liegt also vor. Diese Leistung erfolgte *„ohne rechtlichen Grund"*, da der zwischen F und M geschlossene Kaufvertrag gemäß §§ 107 ff. unwirksam ist. Also kann F das Rad von M nach § 812 I 1 1. Alt. herausverlangen.

2. Nichtleistungskondiktion, § 816 I 1 ++

a) Anspruchsinhalt

Der Berechtigte kann von demjenigen, der als Nichtberechtigter eine *wirksame entgeltliche Verfügung* über einen ihm gehörenden Gegenstand getroffen hat, Herausgabe des durch die Verfügung Erlangten fordern. § 816 I 1 ist sozusagen die „Kehrseite" des gutgläubigen Erwerbs nach § 932. Zwar erwirbt der Gutgläubige nach § 932 das Eigentum und der Eigentümer verliert es zeitgleich. Doch kann der frühere Eigentümer von demjenigen, der sein Eigentum unerlaubterweise übertragen hat, das dabei Erlangte (meist den Kaufpreis) herausverlangen.

b) Voraussetzung

- Es liegt die *Verfügung* eines *Nichtberechtigten* vor.
- Die Verfügung erfolgte *entgeltlich*.
- Die Verfügung ist dem Berechtigten gegenüber *wirksam.*

c) Üblicher Prüfungsablauf

- Zunächst wird festgestellt, dass jemand eine Verfügung getroffen hat. Unter einer „Verfügung" versteht man ein Rechtsgeschäft, das unmittelbar auf die Begründung, Veränderung, Aufhebung oder Übertragung eines Rechts gerichtet ist. Unter den Begriff „Verfügung" fällt also insbesondere die Übereignung nach § 929.
- Der Verfügende war Nichtberechtigter, wenn er über ein fremdes Recht (insbesondere fremdes Eigentum) verfügt hat.
- Das Tatbestandsmerkmal „Wirksamkeit der Verfügung gegenüber dem Berechtigten" bietet den Einstieg zur Prüfung der Frage, ob derjenige, an den das Eigentum übertragen wurde, es gutgläubig nach § 932 erworben hat. Wurde dem Eigentümer die Sache *gestohlen*, so ist ein gutgläubiger Erwerb gemäß § 935 I grds. ausgeschlossen.

Der Berechtigte kann sie in diesem Fall jedoch nach § 185 II 1 genehmigen, so dass die Verfügung des Nichtberechtigten auch in diesem Fall dem Berechtigten gegenüber wirksam ist.

Beispiel 11: A leiht dem B sein Fahrrad. B verkauft und übereignet es für 400,- Euro nach § 929 Satz 1 an den gutgläubigen C. Kann A von B die 400,- Euro nach § 816 I 1 herausverlangen?
Lösung: § 816 I 1 setzt eine Verfügung voraus. Indem B dem C das Eigentum am Rad nach § 929 Satz 1 übertrug, verfügte er über das Fahrrad. Das Fahrrad gehörte dem A, so dass der B als Nichtberechtigter gehandelt hat. Die Verfügung des B ist dem A gegenüber wirksam, wenn der C das Eigentum gutgläubig nach § 932 erworben hat. Laut Sachverhalt war C gutgläubig und ist damit Eigentümer des Fahrrads geworden. Rechtsfolge des § 816 I 1 ist, dass der B das „durch die Verfügung Erlangte" herausgeben muss. Dies ist der Veräußerungserlös in Höhe von 400,- Euro. A kann von B also 400,- Euro aus § 816 I 1 fordern.

Beispiel 12: B stiehlt dem A das Fahrrad. B verkauft und übereignet es für 400,- Euro nach § 929 Satz 1 an den gutgläubigen C. Kann A von B die 400,- Euro nach § 816 I 1 herausverlangen, nachdem er genehmigt hat?
Lösung: Fraglich ist, ob die Verfügung des B dem A gegenüber wirksam ist. Dann müsste C das Eigentum am Rad erworben haben. B hat als Nichtberechtigter gehandelt. Da das Rad gestohlen war, konnte der C wegen § 935 nicht gemäß § 932 gutgläubig Eigentum daran erwerben. Sobald A jedoch nach § 185 II genehmigt, wird die Verfügung des B wirksam. Dann kann A von B die 400,- Euro herausverlangen.

▸ Literatur zu dieser Lektion

- 🕮 Brox, **JA** 1987, 169 (Methodenlehre)
- 🕮 Hopt, **Jura** 1992, 225 (Methodenlehre)
- 🕮 Skript **500 Spezial-Tipps für Juristen**, Kapitel: Wie gelingt meine Hausarbeit? Das Gutachten und sein Stil.

Lektion 8: Der Gutachtenstil

Klausuren und Hausarbeiten sind üblicherweise im Gutachtenstil abzufassen. Der *Gutachtenstil* zeichnet sich dadurch aus, dass am Anfang eine Frage aufgeworfen wird, die anschließend erörtert und erst am Ende bejaht oder verneint wird. Im Gegensatz dazu steht beim *Urteilsstil* das Ergebnis gleich am Anfang im ersten Satz. Anschließend wird es begründet. Den Gutachtenstil erkennt man sprachlich an Worten wie „also", „demnach", „folglich", „so dass", „somit". Diese Worte zeigen, dass von einer Frage zu einem Ergebnis hingeleitet wird.
Nicht vorkommen dürfen beim Gutachtenstil Worte wie „weil", „denn", „da", „nämlich". Diese kennzeichnen den Urteilsstil und machen deutlich, dass eine Begründung vom bereits feststehenden Ergebnis her erfolgt. Taucht ein „weil", „da" oder „denn" im Gutachten auf, sollten sofort die „Alarmglocken" klingeln und dazu veranlassen, den Aufbau zu ändern.

Die Subsumtion verläuft immer in vier Schritten:

1. Obersatz
2. Definition/Voraussetzung
3. Subsumtion
4. Schlusssatz

Im Obersatz wird eine Frage aufgeworfen. **Beispiel:** A könnte gegen B einen Anspruch aus § 433 II auf Kaufpreiszahlung haben. Oder: Fraglich ist, ob A und B einen wirksamen Kaufvertrag geschlossen haben.

Anschließend werden die einzelnen Tatbestandsmerkmale umschrieben bzw. deren Voraussetzungen genannt. Sofern das Gesetz eine Definition enthält, ist diese zu verwenden. **Beispiel:** § 90 definiert, was eine „Sache" ist.

Im dritten Schritt wird geprüft, ob der konkrete Fall die abstrakten Voraussetzungen der Definition erfüllt (Subsumtion). Im vierten Schritt (Schlusssatz) wird die aufgeworfene Frage entweder bejaht oder verneint. **Beispiel:** A hat *also* gegen B *keinen* Anspruch aus § 433 II auf Kaufpreiszahlung. Oder: A hat *also* gegen B einen Anspruch aus § 433 II auf Kaufpreiszahlung.

Nachfolgend zwei Beispiele für den **Gutachtenstil:**

Beispiel 1

Obersatz: Fraglich ist, ob das Handy eine Sache ist.

Definition/Voraussetzung: Sachen sind gemäß § 90 körperliche Gegenstände.

Subsumtion: Ein Handy kann man anfassen. Es ist *also* ein körperlicher Gegenstand.

Schlusssatz: *Also* ist das Handy eine Sache.

Beispiel 2

Obersatz: Fraglich ist, ob ein Vertrag zustande gekommen ist.

Definition/Voraussetzung: Ein Vertrag kommt zustande durch zwei übereinstimmende Willenserklärungen, nämlich Angebot und Annahme.

Subsumtion: A hat ein Angebot abgegeben, der B hat dies angenommen.

Schlusssatz: *Also* ist ein Vertrag zustande gekommen.

Und nun zwei Beispiele für den **Urteilsstil**, bei dem das Ergebnis immer ganz am Anfang steht und anschließend begründet wird:

Beispiel 1

Das Handy ist eine Sache. *Denn* es ist ein körperlicher Gegenstand. Ein körperlicher Gegenstand ist es, *weil* man es anfassen kann.

Beispiel 2

Ein Vertrag ist zustande gekommen. *Denn* B hat das Angebot des A angenommen.

Achten sollte man darauf, nicht völlig unproblematische Dinge ausführlich im Gutachtenstil zu erörtern. Unproblematisches kann man kurz im Urteilsstil oder Misch-Stil abhandeln. Beim Handy-Beispiel oben würde z.B. der Satz „Das Handy ist ein körperlicher Gegenstand nach § 90 BGB und damit eine Sache“ genügen. Zur Frage, wie ausführlich die Darstellung erfolgen sollte, vgl. auch den Hinweis auf Seite 62.

▸ Literatur zu dieser Lektion

📖 Brox, **JA** 1987, 169 (Methodenlehre)

📖 Hopt, **Jura** 1992, 225 (Methodenlehre)

📖 Skript **500 Spezial-Tipps für Juristen**, Kapitel: Wie gelingt meine Hausarbeit? Das Gutachten und sein Stil.

Lektion 9: Übungsfall zum Minderjährigenrecht

Zur Anwendung und Vertiefung des Gelernten hier nun ein Übungsfall, der dem Übungs-Skript **20 Standardfälle Zivilrecht für Anfänger** entnommen wurde.

Der 16-jährige Computerfreak Min Tendo (M) kauft bei V einen Computer zum äußerst günstigen Preis von 1.100 Euro. Er zahlt 300 Euro an, die er von seinem Taschengeld gespart hat. Die Restzahlung in Höhe von 800 Euro soll in der Weise erfolgen, dass M monatlich 50 Euro von seinem Taschengeld abzweigt. Zwei Tage später erfährt V das Alter des M und fordert sicherheitshalber seine Eltern auf, ihm mitzuteilen, ob sie mit dem Abschluss des Kaufvertrages einverstanden sind. Als die Eltern des M sich nach drei Wochen immer noch nicht gemeldet haben, wird es dem V zu bunt. Er verlangt Zahlung der weiteren Raten von M. Hilfsweise verlangt V Herausgabe des Computers. Zu Recht ?

V könnte gegen M einen Anspruch aus § 433 II auf Zahlung der weiteren Raten haben.

Voraussetzung für die Entstehung des Kaufpreisanspruchs ist, dass M und V einen **wirksamen Kaufvertrag** geschlossen haben. Dazu müssten V und M sich geeinigt haben. Eine **Einigung** kommt zustande durch zwei übereinstimmende Willenserklärungen, nämlich Angebot und Annahme, §§ 145 ff.

1) M und V haben eine **Einigung** über die wesentlichen Vertragsbestandteile eines Kaufvertrages erzielt.

2) Fraglich ist aber aufgrund der Minderjährigkeit des M, ob seine **Willenserklärung wirksam** ist. Der 16-jährige M ist gemäß **§§ 2, 106** in seiner Geschäftsfähigkeit beschränkt. Er kann ohne Mitwirkung seines gesetzlichen Vertreters nur die Rechtsgeschäfte tätigen, die für ihn lediglich rechtlich vorteilhaft sind. Für rechtlich nachteilige Geschäfte bedarf es der Einwilligung des gesetzlichen Vertreters, §107. Ansonsten ist der Kaufvertrag grundsätzlich schwebend unwirksam.

a) Fraglich ist, ob der Computerkauf gemäß **§ 107 lediglich rechtlich vorteilhaft** ist. Rechtsgeschäfte sind nur dann lediglich rechtlich vorteilhaft, wenn sie die Rechtsstellung des Minderjährigen verbessern. M ist durch den Abschluss des Kaufvertrages

verpflichtet, den wenn auch preisgünstigen Kaufpreis zu entrichten. Dies stellt einen Rechtsnachteil dar. *Somit* ist das Rechtsgeschäft schwebend unwirksam, es sei denn, es läge eine Einwilligung des gesetzlichen Vertreters des M vor.
b) Die Eltern haben ausdrücklich keine **Einwilligung** zum Kauf des Computers i.S.d. **§§ 183, 182** erteilt. Möglicherweise haben sie aber *konkludent* durch die Überlassung des Taschengeldes in damit zu tätigende Rechtsgeschäfte eingewilligt.
Gemäß **§ 110** wäre der von M geschlossene Kaufvertrag dann von Anfang an wirksam, wenn er die Kaufpreiszahlung mit seinem Taschengeld bewirkt hätte. M hat lediglich 300 Euro angezahlt. 800 Euro stehen noch aus. Fraglich ist somit, wie das Wort "bewirkt" auszulegen ist.
In systematischer Auslegung des Gesetzes mit § 362 I, der das gleiche Wort enthält, muss der Minderjährige die gesamte Leistung mit den überlassenen Mitteln tatsächlich erbracht haben. In § 110 ist daher hinter dem Wort bewirkt sinngemäß ein "hat" zu ergänzen. M hat den kompletten Kaufpreis aber noch nicht gezahlt. Der Kaufvertrag ist *somit* gemäß § 107 schwebend unwirksam.
c) Um den Kaufvertrag noch wirksam werden zu lassen, müssten die Eltern des M den Vertrag **genehmigen**, § 108. Die Eltern des M haben sich nach drei Wochen immer noch nicht gemeldet. Gemäß § 108 II S. 2 gilt die Genehmigung nach dem Ablauf von zwei Wochen als verweigert. *Somit* ist kein wirksamer Vertrag zwischen V und M zustande gekommen.
V hat *also* keinen Anspruch aus § 433 II auf Zahlung von weiteren Raten.

V könnte gegen M einen Anspruch auf Herausgabe des Computers aus § 985 haben.

1) Der Computer ist gemäß **§ 90** ein körperlicher Gegenstand und damit eine **Sache**.
2) M hat die tatsächliche Gewalt über den Computer gemäß **§ 854 I** erlangt und ist folglich dessen **Besitzer.**
3) V müsste noch **Eigentümer** des Computers sein. Er könnte sein Eigentum an M gemäß § 929 S. 1 verloren haben.
a) Dazu müssten sich V und M über den Übergang des Eigentums geeinigt haben. Eine **Einigung** kommt zustande durch zwei übereinstimmende Willenserklärungen, nämlich Angebot und An-

nahme. Als V dem M den Computer aushändigte, brachte er konkludent zum Ausdruck, dass er das Eigentum auf M übertragen wolle. M hat dieses Angebot angenommen. Eine Einigung liegt *daher* vor.
b) Diese Einigung ist nur **wirksam**, wenn sie gemäß **§ 107 lediglich rechtlich vorteilhaft** für den M ist. Dabei ist ausschließlich auf den Inhalt des dinglichen Rechtsgeschäfts abzustellen. Der zugrundeliegende Kaufvertrag muss außer Betracht bleiben. Die Entgegennahme des Übereignungsangebots des V setzt M in die Lage, allein das Eigentumsrecht an dem Computer zu erwerben. Der Eigentumserwerb ist für den M somit lediglich rechtlich vorteilhaft. Die Einigung ist *demnach* wirksam. *Folglich* ist nicht mehr V, sondern M Eigentümer des Computers.
V hat gegen M *also* keinen Anspruch auf Herausgabe des Computers aus § 985.

V könnte gegen M einen Anspruch auf Herausgabe des Computers aus § 812 I 1, 1. Alt. haben.
1) M hat Eigentum und Besitz an dem Computer und damit **etwas erlangt.**
2) Dies müsste durch eine **Leistung** des V geschehen sein. Unter "Leistung" versteht man die bewusste und zweckgerichtete Vermehrung fremden Vermögens. V hat den Computer dem M übergeben, um seine Verpflichtung aus dem Kaufvertrag zu erfüllen. Eine Leistung des V an M liegt *somit* vor.
3) Ohne Rechtsgrund ist die Leistung erfolgt, da der Kaufvertrag – wie oben festgestellt - nicht wirksam zustande gekommen ist. M hat *also* den Computer ohne Rechtsgrund erlangt. Er muss Eigentum und Besitz zurückübertragen.
V hat *daher* gegen M einen Anspruch auf Herausgabe des Computers aus § 812 I 1,1.Alt..

▸ Kontakt

Das Verlagsprogramm mit allen Titeln und Neuerscheinungen aus dem Zivilrecht, Strafrecht, Öffentlichen Recht & BWL findest du unter www.niederle-media.de. Solltest du Verbesserungsvorschläge, Anregungen oder (später einmal) Interesse an einer Autorentätigkeit haben, kannst du mich per Mail erreichen unter

jan.niederle@gmx.de